Habilidades De Supervivencia En La Guerra Nuclear

Construya su refugio subterráneo
y apóyese en refugios nucleares,
preparativos de evacuación,
comunicación de emergencia durante
una lluvia radiactiva y desacredite
conceptos erróneos sobre el arsenal
más destructivo

Leander Cross

Copyright© 2023 - Leander Cross

Todos los derechos son reservados.

El contenido de este libro no puede reproducirse, duplicarse ni transmitirse sin el permiso directo por escrito del autor o del editor.

Bajo ninguna circunstancia se podrá culpar o responsabilizar legalmente al editor o autor por cualquier daño, reparación o pérdida monetaria debido a la información contenida en este libro, ya sea directa o indirectamente.

Este libro está protegido por derechos de autor. Es solo para uso personal. No puede modificar, distribuir, vender, usar, citar o parafrasear ninguna parte o el contenido de este libro sin el consentimiento del autor o editor.

Al leer este documento, el lector acepta que bajo ninguna circunstancia el autor es responsable de ninguna pérdida, directa o indirecta, en la que se incurra como resultado del uso de la información contenida en este documento, incluidos, entre otros, errores, omisiones o inexactitudes.

Tenga en cuenta que la información contenida en este documento es solo para fines educativos y de entretenimiento. Se han realizado todos los esfuerzos para presentar información precisa, actualizada, confiable y completa. No se declaran ni implican garantías de ningún tipo. Los lectores reconocen que el autor no se dedica a brindar asesoramiento legal, financiero, médico o profesional. El contenido de este libro se ha derivado de varias fuentes. Consulte a un profesional con licencia antes de intentar cualquiera de las técnicas descritas en este libro.

Contents

Introducción a la guerra nuclear   1

Capítulo 1   11

Capítulo 2   25

Capítulo 3   36

Capítulo 4   46

Capítulo 5   53

Capítulo 6   61

Chapter 7   69

Capítulo 8   81

Conclusión   93

GRACIAS   100

Referencias/Bibliografía   101

Introducción a la guerra nuclear

E n este capítulo, discutiremos:
- Qué son las armas nucleares
- Mitos y hechos relacionados con la guerra nuclear
- Preparativos de evacuación antes y durante una guerra nuclear
- Los preparativos para los peligros psicológicos

"El soldado por encima de todos los demás reza por la paz, porque es el soldado quien debe sufrir y soportar las heridas y cicatrices más profundas de la guerra". - Douglas MacArthur

La posibilidad de una guerra nuclear es un tema que ha cautivado la imaginación del mundo desde que Estados Unidos lanzó las primeras bombas nucleares sobre Hiroshima y Nagasaki al final de la Segunda Guerra Mundial. El poder de estas armas y la devastación que pueden infligir a poblaciones enteras han convertido la posibilidad de una guerra nuclear en una fuente de miedo y ansiedad para personas de todo el mundo (Kearny, 2016).

La guerra nuclear es un acontecimiento catastrófico que puede causar destrucción generalizada y pérdida de vidas. Según la Campaña Internacional para la Abolición de las Armas Nucleares (ICAN, por sus siglas en inglés), en la actualidad existen aproximadamente 13.400 armas nucleares en el mundo, con el potencial de causar una destrucción sin precedentes. En caso de explosión nuclear, los efectos inmediatos pueden incluir un destello cegador de luz, calor intenso y una onda expansiva que puede causar graves daños a edificios e infraestructuras. Los efectos a largo plazo pueden incluir enfermedades por radiación, cáncer y mutaciones genéticas que pueden transmitirse de generación en generación (Kearny, 2016).

A pesar de las devastadoras consecuencias de una guerra nuclear, el riesgo de que se produzca sigue siendo alto. El "Reloj del Juicio Final" del Boletín de Científicos Atómicos se sitúa actualmente a 100 segundos de la medianoche, lo más cerca que ha estado nunca de la fatalidad simbólica. Las tensiones entre Estados con armas nucleares como Estados Unidos, Rusia y Corea del Norte siguen latentes, y el uso de armas nucleares en un conflicto podría desencadenar una catástrofe mundial (Anderson, 2017).

A la luz de estos riesgos, las personas y las comunidades deben prepararse para la posibilidad de una guerra nuclear. Este capítulo pretende ofrecer una introducción a la guerra nuclear, incluyendo la historia de las armas nucleares, los tipos de armas nucleares que existen y los efectos de las explosiones nucleares. También trataremos los mitos y los hechos que rodean a la guerra nuclear, los preparativos de evacuación y cómo prepararse para los peligros psicológicos que pueden acompañar a un acontecimiento de este tipo.

Armas nucleares

¿Qué son exactamente las armas nucleares? Las armas nucleares son artefactos explosivos que utilizan reacciones nucleares para crear enormes cantidades de energía. Esta energía se libera en forma de onda expansiva, radiación térmica y radiación ionizante. Las primeras armas nucleares fueron desarrolladas durante la Segunda Guerra Mundial por Estados Unidos y se utilizaron para poner fin a la guerra en el Pacífico.

Desde entonces, muchos países han desarrollado armas nucleares y hoy se sabe que nueve las poseen: Estados Unidos, Rusia, China, Francia, Reino Unido, India, Pakistán, Israel y Corea del Norte. Estas armas pueden infligir daños inimaginables en ciudades y poblaciones, matando potencialmente a millones de personas (Couch, 2008).

Mitos y hechos

La cultura popular y los medios de comunicación han perpetuado muchos mitos en torno a la guerra nuclear. Estos mitos incluyen la idea de que la guerra nuclear se puede ganar, que es una forma rápida e indolora de poner fin a un conflicto y que los efectos de una explosión nuclear se pueden contener fácilmente (Popkess, 1982).

Aunque existen muchos conceptos erróneos sobre la guerra nuclear, uno de los mayores mitos es que sobrevivir a una explosión nuclear es *imposible*. Aunque los efectos de una explosión nuclear son devastadores, es posible sobrevivir con la preparación y los conocimientos adecuados. ¿Cómo hacerlo? Bueno, ese es un tema para otro libro.

Cualquiera que haya visto la serie de televisión sobre Chernóbil o conozca el incidente real sabe que las bombas nucleares ¡no siempre **EXPLOTAN**! No todas las bombas nucleares son iguales. Hay muchos tipos de armas nucleares, cada una con capacidades y efectos diferentes. Por ejemplo, algunas bombas están diseñadas para crear una gran explosión y una bola de fuego, mientras que otras están diseñadas para penetrar en el suelo y destruir objetivos subterráneos. Comprender los tipos de armas nucleares y sus efectos es importante para planificar y prepararse para un ataque nuclear (Couch, 2008).

Por último, existe el mito de que la guerra nuclear es cosa del pasado y que la amenaza de un ataque nuclear ha disminuido desde el final de la Guerra Fría. Aunque las tensiones entre las potencias nucleares han disminuido desde la Guerra Fría, la amenaza de una guerra nuclear sigue siendo muy real. Actualmente hay nueve países en posesión de armas nucleares, y la posibilidad de terrorismo nuclear es una preocupación creciente. Es importante seguir siendo conscientes de la amenaza de una guerra nuclear y tomar medidas para protegernos a nosotros mismos y a nuestras comunidades.

En realidad, los efectos de una explosión nuclear son de gran alcance y devastadores. La onda expansiva puede arrasar ciudades enteras, y la radiación térmica puede causar quemaduras graves y provocar incendios en una amplia zona. La radiación ionizante liberada por la explosión puede causar enfermedades por radiación, cáncer, mutaciones genéticas y contaminar el medio ambiente durante décadas o incluso siglos. *Y aquí es donde recomendamos a nuestros lectores que se informen sobre la explosión de Chernóbil. Es realmente un fenómeno revelador.*

Preparativos de evacuación

En caso de ataque nuclear, la evacuación puede ser necesaria para protegerse a uno mismo y a su familia de los efectos inmediatos de la explosión. Sin embargo, es esencial comprender que la evacuación puede no ser siempre posible o aconsejable, dependiendo de las circunstancias del ataque.

He aquí algunas notas importantes sobre los preparativos de evacuación en caso de guerra nuclear:

- El aspecto más crítico de la evacuación es **contar con un plan de antemano**. Esto incluye conocer las rutas de evacuación, los refugios de emergencia y los lugares de encuentro de los miembros de la familia en caso de separación.

- Si se produce una explosión nuclear, es importante buscar refugio lo antes posible, idealmente en un sótano u otra zona subterránea. Si no se dispone de un refugio subterráneo, la siguiente mejor opción es el interior de un edificio resistente, preferiblemente uno con gruesos muros de hormigón.

- Los servicios de emergencia pueden verse desbordados o no

estar disponibles en caso de ataque nuclear, por lo que es esencial *tener a mano un kit personal de emergencia.* Este botiquín debe incluir artículos como alimentos, agua, suministros de primeros auxilios y una radio a pilas.

- Si es necesaria la evacuación, es vital tener el *depósito lleno en el vehículo* y llevar documentos importantes y objetos de valor.

- *Tenga designada una persona de contacto fuera* de la ciudad que pueda servir como punto de comunicación para los miembros separados de la familia.

- En algunos casos, puede ser necesario refugiarse en el lugar en lugar de intentar la evacuación. Esto puede deberse a la congestión del tráfico o al riesgo de exposición a la radiación durante la evacuación.

- Los planes de evacuación deben revisarse y actualizarse periódicamente según sea necesario para tener en cuenta los cambios en las circunstancias, como nuevas amenazas nucleares o cambios en las rutas de evacuación.

- Reúna con antelación suministros como alimentos, agua y medicamentos, y debe establecerse un lugar de reunión designado.

Prepararse para los peligros psicológicos

La perspectiva de una guerra nuclear también puede tener un impacto psicológico significativo en las personas y las comunidades. El miedo y la ansiedad que rodean la posibilidad de un ataque nuclear pueden provocar sentimientos de impotencia, desesperanza y desesperación.

- Según el **Centro Nacional para el TEPT**, se estima que el 7% de los veteranos de guerra desarrollarán un trastorno de salud mental, como depresión, ansiedad o trastorno de estrés postraumático (TEPT) (VA.gov | Veterans Affairs, s.f.-b).

- Los efectos de la guerra en la salud mental pueden ser duraderos. Por ejemplo, **un estudio realizado por el Vietnam Era Health Retrospective Observational Study (VE-HEROeS)** descubrió que los veteranos de Vietnam con TEPT tenían más probabilidades de sufrir problemas de salud mental, problemas de salud física y dificultades en sus relaciones, incluso 20-30 años después de la guerra (US Department of Veterans Affairs, Veterans Health Administration, s.f.).

- La guerra puede tener un impacto especialmente devastador en la salud mental de los niños. **El Fondo de las Naciones Unidas para la Infancia (UNICEF)** estima que millones de niños de todo el mundo, especialmente en zonas de conflicto de África y Oriente Medio, se han visto afectados por conflictos armados, y muchos experimentan síntomas de ansiedad, depresión y trauma (*Mental Health Needs of Children and Young People in Conflict Need to Be Prioritized, Conference Says, s.d.*).

- Los efectos psicológicos de la guerra también pueden extenderse a los no combatientes, como los que viven en zonas afectadas por el conflicto. Un estudio titulado *Mental Health Consequences of War: A Brief Review of Re-*

search Findings descubrió que las personas que viven en zonas afectadas por la guerra y la violencia política presentan tasas más elevadas de problemas de salud mental, como depresión y TEPT (*Mental Health Needs of Children and Young People in Conflict Need to Be Prioritized, Conference Says, s.f.*).

Nota: Es importante mencionar que no todas las personas que experimentan la guerra desarrollarán una enfermedad mental. Sin embargo, ser consciente de los riesgos potenciales y buscar apoyo si es necesario puede ayudar a mitigar el impacto negativo de la guerra en la salud mental.

También es esencial prepararse de antemano para estos peligros psicológicos informándose sobre los efectos de la guerra nuclear, desarrollando estrategias de afrontamiento y buscando el apoyo de familiares, amigos y profesionales de la salud mental. Participar en actividades que promuevan el bienestar mental y emocional, como el ejercicio, la meditación y las actividades creativas, también puede ayudar a controlar los efectos psicológicos de la guerra nuclear.

¿Quiere saber más sobre los peligros de la guerra? Aquí tienes algunos estudios sobre la guerra de fuentes acreditadas.

- *"The Costs of War Project"* **de la Universidad Brown** - Este estudio es un análisis exhaustivo de los costes humanos y económicos de las guerras de Estados Unidos tras el 11-S en Irak, Afganistán y Pakistán. Estima que más de 800.000 personas han muerto como consecuencia directa de estas guerras y que el coste total podría superar los 4,4 billones de dólares (Costs of War, s.f.).

- *"Los Convenios de Ginebra y sus Comentarios"* **del Comité Internacional de la Cruz Roja** - Este estudio ofrece una visión general de la historia de los Convenios de Ginebra y su papel en la regulación de los conflictos armados. Destaca los retos a los que se enfrentan los Convenios ante la guerra moderna y la necesidad de seguir esforzándose por proteger a los civiles y otros no combatientes (The Geneva Conventions and Their Commentaries, 2021).

- **"The Global Burden of Armed Violence" de Small Arms Survey** - Este estudio ofrece un análisis detallado del impacto de la violencia armada en individuos y sociedades de todo el mundo. Destaca los efectos a largo plazo de los conflictos y la necesidad de medidas eficaces para prevenir y mitigar su impacto *(Small Arms Survey Podcast #33: The Global Burden of Armed Violence 2015: Every Body Counts, 2015).*

- **"El futuro de la guerra: una historia", de Lawrence Freedman** - Este libro explora la naturaleza cambiante de la guerra a lo largo de la historia y ofrece una visión de las formas en que la tecnología, la política y las tendencias sociales darán forma al futuro de los conflictos. Ofrece una comprensión matizada de las complejidades de la guerra y de los retos a los que se enfrentan los responsables políticos y los estrategas militares *(The Future of War: A History: Freedman, Lawrence: 9781610393058: Amazon.com: Books, n.d.).*

Reflexiones finales

La posibilidad de una guerra nuclear es una realidad aleccionadora que no puede ignorarse. Comprender la historia de las armas nucleares y los efectos de las explosiones nucleares es esencial para prepararse ante la posibilidad de un conflicto nuclear. Al disipar los mitos y educarse sobre los aspectos psicológicos y prácticos de la guerra nuclear, los individuos y las comunidades pueden prepararse mejor para el peor de los casos y aumentar sus posibilidades de supervivencia.

Capítulo 1

Preparación para un ataque nuclear

En este capítulo analizaremos:
- Los pasos que los individuos y las familias pueden dar para prepararse para un ataque nuclear
- Información sobre la creación de un refugio
- Cómo abastecerse de suministros
- La elaboración de un plan de emergencia

" "La guerra lo hace todo más difícil, más peligroso, más incierto. Desgarra familias, arruina economías, rompe el tejido social y exacerba la inestabilidad política". - *Kofi Annan*

Introducción a los refugios nucleares:

La guerra nuclear es uno de los acontecimientos más destructivos y devastadores que pueden ocurrir. A medida que la perspectiva de un ataque nuclear sigue acechando, es importante prepararse para el peor de los casos. En este capítulo, discutiremos los pasos que los individuos y las familias pueden dar para prepararse para un ataque nuclear. Esto incluye crear un refugio, abastecerse de suministros y desarrollar un plan de emergencia (Anderson, 2017).

Encontrar un refugio es crucial para la supervivencia. Un refugio proporciona protección contra la explosión, la radiación y la lluvia radioactiva que se producen tras una explosión nuclear. Hay varias opciones de refugio, incluidos sótanos, sótanos de tormentas y búnkeres subterráneos. Analicemos los distintos tipos de refugios utilizados durante una lluvia radiactiva:

- Debajo de la casa:

Sótano o bodega

Un sótano o bodega puede proporcionar un buen punto de partida para un refugio. Estas zonas suelen estar por debajo del nivel del suelo, lo que proporciona cierta protección contra la explosión. Las paredes y el techo de un sótano o bodega también pueden proporcionar cierto blindaje contra la radiación (Delrose, 2012).

Para que un sótano o bodega sea un refugio adecuado, es esencial asegurarse de que esté debidamente reforzado. Esto puede incluir reforzar las paredes y los techos con vigas de acero o bloques de hormigón. También es importante asegurarse de que el refugio esté bien ventilado, ya que la falta de aire fresco puede ser peligrosa.

- Construir un búnker o un refugio subterráneo:

Un búnker o búnker subterráneo es una opción más segura para un refugio. Estas estructuras están diseñadas para soportar la fuerza de una explosión nuclear y proporcionar protección contra la radiación y la lluvia radiactiva. Hay varias opciones para construir un búnker, incluyendo estructuras pre-construidas o construidas a medida.

- **Las estructuras prefabricadas** se pueden comprar y se pueden instalar en un patio trasero o bajo tierra. Estas estructuras vienen en varios tamaños y materiales, incluyendo acero, hormigón o fibra de vidrio. Están diseñadas para soportar la fuerza de una explosión nuclear y proporcionar una protección adecuada contra la radiación.

- **Las estructuras construidas** a medida ofrecen más flexibilidad en el diseño y pueden adaptarse a las necesidades específicas de la persona o la familia. Pueden construirse bajo tierra o en la superficie y están disponibles en diversos materiales, como acero, hormigón o tierra. Trabajar con un profesional a la hora de diseñar y construir un búnker a medida es fundamental para garantizar que cumple las normas de seguridad.

- Sótanos de tormentas: Una opción viable para sobrevivir a un ataque nuclear

Los sótanos para tormentas, también conocidos como refugios para tormentas, son estructuras subterráneas diseñadas para proporcionar cobijo y protección frente a fenómenos meteorológicos severos como tornados y huracanes. Sin embargo, también pueden ser una opción viable para sobrevivir a un ataque nuclear. Esta sección discutirá los sótanos para tormentas como una opción de refugio, sus características y sus beneficios (Couch, 2008).

Características de los sótanos para tormentas

Los sótanos para tormentas están diseñados para resistir fuertes vientos, escombros voladores y árboles caídos durante fenómenos meteorológicos severos. Suelen construirse bajo tierra, lo que proporciona una mayor protección y aislamiento del calor, la radiación y la lluvia radiactiva en caso de ataque nuclear.

Algunas de las características clave de un sótano para tormentas son las siguientes:

- Paredes y techos reforzados de hormigón o acero para soportar la presión del suelo y los escombros circundantes.

- Puertas herméticas e impermeables para evitar la infiltración de aire y agua.

- Una ventilación adecuada garantiza un suministro de aire fresco y elimina los gases nocivos.

- La iluminación de emergencia y los sistemas de comunicación proporcionan visibilidad y permiten la comunicación con el exterior.

Beneficios del uso de sótanos de tormenta para la supervivencia a un ataque nuclear

Los sótanos para tormentas ofrecen varias ventajas como opción de refugio en caso de ataque nuclear. Entre ellas se incluyen:

- Protección contra la explosión inicial: Las paredes y el techo reforzados de un sótano para tormentas pueden proporcionar una protección adecuada contra el estallido inicial de una explosión nuclear.

- Protección contra la radiación y la lluvia radiactiva: La naturaleza subterránea de los sótanos para tormentas proporciona una protección adicional contra la radiación y la lluvia radiactiva que puede producirse tras un ataque nuclear. La tierra sobre el refugio puede actuar como un escudo natural contra la radiación.

- Opción rentable: Los sótanos para tormentas suelen ser menos caros que otros tipos de refugios, como los búnkeres o los refugios subterráneos construidos a medida.

- Doble uso: Los sótanos para tormentas están diseñados para soportar fenómenos meteorológicos severos, lo que significa que pueden servir como refugio polivalente.

Cómo elegir un refugio contra tormentas

A la hora de elegir un sótano para tormentas para sobrevivir a un ataque nuclear, es importante tener en cuenta varios factores, entre ellos:

- Tamaño: El tamaño del sótano para tormentas debe ser adecuado para acomodar al número de personas que lo utilicen. También debe tener espacio suficiente para almacenar alimentos, agua y otros suministros.

- Ubicación: El sótano para tormentas debe estar alejado de zonas que puedan ser objetivo de un ataque nuclear, como bases militares o ciudades.

- Calidad de la construcción: El sótano para tormentas debe estar bien construido, con paredes y techo reforzados y puertas herméticas para resistir la fuerza de una explosión nuclear.

Abastecerse de suministros

Además de un refugio, es importante abastecerse de suministros para prepararse para un ataque nuclear (Ettington, 2020). Debe almacenar estos suministros en el refugio e incluir lo siguiente:

1. **Agua:**

Al menos un galón de agua por persona por día para beber y para el saneamiento.

1. **Alimentos:**

Alimentos no perecederos que puedan durar varios meses.

3. **Botiquín de primeros auxilios:**
Incluya suministros médicos básicos y medicamentos.

4. **Equipo de control de radiaciones:**
Incluir un detector de radiación y un dosímetro.

5. **Equipo de protección personal:**
Incluir máscaras antigás, guantes y trajes.

6. **Herramientas:**
Incluya una linterna, pilas, radio y un silbato.

7. **Artículos de higiene:**
Incluya jabón, papel higiénico y bolsas de basura.

Es vital revisar y reponer periódicamente estos suministros para asegurarse de que están actualizados y en buen estado.

Elaboración de un plan de emergencia

Un ataque nuclear puede producirse repentinamente y sin previo aviso, por lo que es importante disponer de un plan de emergencia. Este plan debe incluir lo siguiente:

- **Plan de evacuación:** Identificar las rutas de evacuación y los lugares seguros en caso de ataque nuclear.

- **Plan de comunicación:** Identifique una forma de comunicarse con los miembros de la familia y los equipos de respuesta a emergencias.

- **Contactos de emergencia:** Elabore una lista de contactos de emergencia y guárdela en un lugar seguro.

- **Practique simulacros:** Practique regularmente simulacros de emergencia con los miembros de la familia para asegurarse de que todos saben qué hacer en caso de ataque nuclear.

Esconderse en refugios y sótanos subterráneos, ¿ayudará a sobrevivir a un ataque nuclear?

Sí, esconderse en refugios y sótanos subterráneos puede ayudar a aumentar las posibilidades de supervivencia en un ataque nuclear. El objetivo del refugio es proteger de los efectos inmediatos de una explosión nuclear, como la onda expansiva, el calor y la radiación (Popkess, 1982).

Un refugio bien construido y adecuadamente equipado puede proporcionar una protección significativa contra estos efectos. Por ejemplo, un refugio puede proteger a las personas del intenso calor de la explosión y de las ondas expansivas, que pueden causar lesiones graves y daños a los edificios. También puede proteger a las personas de la ráfaga inicial de radiación liberada por la explosión.

- Además de proporcionar protección inmediata, un refugio puede proteger de los efectos a largo plazo de un ataque nuclear, como la lluvia radiactiva. La lluvia radiactiva es el material radiactivo transportado a la atmósfera y que puede volver a caer al suelo, contaminando el área circundante con radiación. Un refugio puede proteger a las personas de esta contaminación proporcionando un escudo contra la radiación.

- En última instancia, aunque ningún refugio puede proporcionar una protección completa contra los efectos de un ataque nuclear, tener un refugio bien construido y adecuadamente abastecido puede aumentar significativamente las posibilidades de supervivencia (Ettington, 2020).

Rida Nadeem

Desarrollo de un plan de emergencia durante o antes de un ataque nuclear

Desarrollar un plan de emergencia es crucial para aumentar las posibilidades de supervivencia durante o antes de un ataque nuclear. Dicho plan debe incluir medidas antes, durante y después de un ataque nuclear. He aquí algunos elementos clave a tener en cuenta a la hora de desarrollar un plan de emergencia:

1. ***Manténgase informado:*** Manténgase informado sobre las últimas noticias y actualizaciones relativas a la situación, y siga las instrucciones de las autoridades locales.

2. ***Identifique un lugar seguro:*** Identifique un lugar seguro donde usted y su familia puedan refugiarse en caso de ataque nuclear. Puede ser un sótano, un búnker subterráneo o un refugio público designado.

3. ***Abastécete de provisiones:*** Prepare un kit de supervivencia con suficiente comida, agua y otros suministros para varios días. Asegúrese de que el botiquín incluya un botiquín de primeros auxilios, una radio a pilas, linternas y pilas de repuesto.

4. ***Elabora un plan de comunicación:*** Decide un lugar de encuentro para tu familia en caso de que os separéis durante el ataque, y establece una forma de comunicaros entre vosotros en caso de que las líneas telefónicas estén cortadas. Considera la posibilidad de tener un plan de comunicación de respaldo, como el uso de redes sociales o aplicaciones de mensajería.

5. ***Conozca las señales de advertencia:*** Comprenda las señales de advertencia y el sistema de alerta de su zona, y sepa qué hacer cuando las escuche.

6. ***Plan de evacuación:*** Si es necesario, planifique la evacuación identificando las mejores rutas y medios de transporte y preparando una lista de artículos esenciales para llevar con

usted.

7. ***Siga las instrucciones:*** En caso de ataque nuclear, siga las instrucciones de las autoridades locales y de los equipos de emergencia. Permanezca en su refugio hasta que se le indique lo contrario y evite salir hasta que sea seguro.

Elaborar un plan de emergencia para un ataque nuclear puede resultar desalentador, pero puede marcar una diferencia decisiva en caso de ataque. Si sigue estos pasos y se prepara con antelación, puede aumentar sus posibilidades de supervivencia y protegerse a sí mismo y a sus seres queridos.

Cómo pueden los gobiernos elaborar planes de emergencia a escala nacional y provincial

Cuando se trata de elaborar planes de emergencia a escala nacional y provincial, los gobiernos suelen seguir un proceso similar para garantizar la preparación y una respuesta eficaz en caso de ataque nuclear. A continuación, se indican algunos pasos clave que pueden dar los gobiernos para elaborar planes de emergencia:

- **Realizar una evaluación de la amenaza:**

Los gobiernos pueden llevar a cabo una evaluación de la amenaza para determinar la probabilidad de un ataque nuclear e identificar el impacto potencial sobre sus ciudadanos e infraestructuras. Esto puede implicar trabajar con agencias de inteligencia, expertos militares y científicos nucleares para evaluar los riesgos potenciales.

- **Desarrollar planes de emergencia:**

Basándose en la evaluación de la amenaza, los gobiernos pueden desarrollar planes de emergencia que describan los pasos a seguir antes, durante y después de un ataque nuclear. Estos planes pueden incluir procedimientos de evacuación, refugio, tratamiento médico, planes de comunicación y sistemas de alerta.

- **Identificar recursos:**

Los gobiernos pueden identificar los recursos y el personal necesarios para poner en práctica sus planes de emergencia, incluidos los equipos de respuesta a emergencias, el personal médico y los equipos de transporte y comunicación.

- **Realizar simulacros y ejercicios:**

Los gobiernos pueden llevar a cabo simulacros y ejercicios para poner a prueba sus planes de emergencia y garantizar que el personal está capacitado y preparado para responder en caso de ataque. Esto puede implicar simulaciones y escenarios para probar la eficacia de los planes.

- **Coordinarse con otros gobiernos:**

En caso de ataque nuclear, puede ser necesaria la coordinación entre los gobiernos nacionales y provinciales para garantizar una respuesta cohesionada y eficaz. Los gobiernos pueden colaborar para compartir recursos, coordinar planes de evacuación y prestarse ayuda mutua.

- **Revisar y actualizar los planes:**

Los planes de emergencia deben revisarse y actualizarse periódicamente para garantizar que siguen siendo eficaces y pertinentes ante las amenazas y tecnologías cambiantes.

En resumen, los gobiernos pueden elaborar planes de emergencia a nivel nacional y provincial mediante la realización de evaluaciones de amenazas, el desarrollo de planes, la identificación de recursos, la realización de simulacros y ejercicios, la coordinación con otros gobiernos y la revisión y actualización de los planes. Tomando estas medidas, los gobiernos pueden estar mejor preparados para proteger a sus ciudadanos y responder eficazmente en caso de ataque nuclear.

Abastecerse de suministros para un ataque nuclear y en qué deben consistir:

Abastecerse de suministros es una parte importante de la preparación para un ataque nuclear. Estas son algunas pautas que le ayudarán a determinar qué suministros reunir y cómo almacenarlos:

1. ***Agua:*** El agua es un elemento esencial en su equipo de supervivencia. Almacene al menos un galón de agua por persona y día durante al menos tres días. Es importante recordar que el agua del grifo puede contaminarse durante un ataque nuclear, por lo que es mejor almacenar agua embotellada.

2. ***Alimentos no perecederos:*** Abastézcase de alimentos no perecederos como conservas, barritas de proteínas y frutas y verduras secas. Asegúrate de incluir un abrelatas en tu kit de

supervivencia.

3. ***Botiquín de primeros auxilios:*** Un botiquín básico debe incluir vendas, gasas, toallitas antisépticas, analgésicos y cualquier medicamento recetado que usted o los miembros de su familia puedan necesitar.

4. ***Linternas y pilas:*** Asegúrate de tener al menos una linterna para cada miembro de la familia y muchas pilas de repuesto.

5. ***Radio:*** Se puede utilizar una radio de pilas o de mano para mantenerse informado sobre la situación y recibir actualizaciones de las autoridades locales.

6. ***Artículos de higiene personal:*** Incluya artículos de higiene personal como desinfectante para manos, jabón, cepillos de dientes y papel higiénico.

7. ***Ropa protectora:*** La radiación puede dañar la piel, por lo que es importante tener ropa protectora como camisas de manga larga, pantalones y sombreros.

8. ***Máscara antigás:*** Una máscara antigás puede ayudar a filtrar las partículas nocivas del aire. Asegúrese de tener una para cada miembro de la familia.

9. ***Herramientas:*** Alicates, llaves inglesas y destornilladores pueden ser útiles para reparar equipos o abrir puertas.

10. ***Dinero en efectivo:***

En caso de que los sistemas de pago electrónico no funcionen, tener algo de dinero en efectivo a mano siempre es una buena idea.

Reflexiones finales

Prepararse para un ataque nuclear puede ser desalentador, pero es esencial para la supervivencia. Al crear un refugio, abastecerse de suministros y desarrollar un plan de emergencia, los individuos y las familias pueden

Es importante tener en cuenta que la eficacia de un búnker o refugio dependerá de varios factores, como la *proximidad a la explosión, el tipo de bomba utilizada y la resistencia y construcción del propio refugio*. También es importante contar con *suministros adecuados* y un *plan de respuesta a emergencias bien* planificado para garantizar las

mejores posibilidades de supervivencia (Popkess, 1982).

En última instancia, la mejor manera de aumentar las posibilidades de supervivencia en caso de ataque nuclear es prepararse con antelación y tomar todas las precauciones necesarias, como construir un refugio, abastecerse de suministros y elaborar un plan de emergencia.

Capítulo 2

Fundamentos de la radiación

En este capítulo analizaremos lo siguiente:
- Qué es la radiación nuclear
- Información sobre los tipos de radiación
- Sus efectos en el cuerpo humano
- Cómo se puede medir y controlar la radiación

"La guerra no es sólo la lluvia de balas y bombas de ambos bandos; es también la lluvia de lágrimas de ambos bandos" - **Park Geun-hye**

¿Qué es la radiación?

La radiación es una forma de energía que viaja por el espacio y la materia en forma de ondas o partículas. La radiación está presente en el medio ambiente, y las personas se exponen a ella diariamente a partir de fuentes naturales como el sol, las rocas y el suelo. Sin embargo, la exposición a la radiación puede ser perjudicial para la salud humana, sobre todo en caso de ataque nuclear. Comprender los tipos de radiación, cómo afecta al cuerpo humano y cómo medirla y controlarla es esencial para prepararse y sobrevivir a un ataque nuclear (Anderson, 2017).

Tipos de radiación

Una explosión nuclear puede liberar tres tipos de radiación: alfa, beta y gamma. Cada tipo tiene características diferentes, afecta al cuerpo de formas distintas y requiere medidas de protección diferentes.

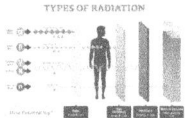

- Radiación alfa

La radiación alfa es el tipo de radiación menos penetrante y puede ser detenida por una hoja de papel o la piel. Se compone de partículas alfa, formadas por dos protones y dos neutrones. Las partículas alfa son relativamente grandes y pesadas, lo que limita su alcance y su capacidad de penetrar a través de la materia. Sin embargo, si las partículas alfa se inhalan o ingieren, pueden causar daños importantes en los pulmones u otros órganos internos.

- **Radiación beta**

La radiación beta es más penetrante que la alfa y puede ser detenida por una capa de ropa o una fina lámina de metal. Se compone de partículas beta, que son electrones de alta energía. Las partículas beta pueden viajar más lejos que las partículas alfa y pueden penetrar a través de la piel y en el cuerpo. La exposición a la radiación beta puede causar quemaduras en la piel, y si las partículas beta se inhalan o ingieren, pueden causar daños en los órganos internos.

- **Radiación gamma**

La radiación gamma es el tipo de radiación más penetrante y puede viajar largas distancias a través del aire y otros materiales. Se compone de rayos gamma, que son fotones de alta energía. La radiación gamma puede penetrar a través del cuerpo, causando daños a los órganos internos y al ADN. La radiación gamma es la principal preocupación en un ataque nuclear, ya que es el tipo más común de radiación liberada y puede causar los efectos más significativos sobre la salud.

Entonces, ¿Cómo se mide la radiación? Existen diferentes unidades de medida para la radiación, pero la más común es el sievert (Sv). Una dosis de 1 Sv es suficiente para provocar una enfermedad por radiación, mientras que una dosis de 10 Sv suele ser mortal.

Puede utilizar varios dispositivos para controlar los niveles de radiación, como **contadores Geiger** y **dosímetros**. Estos dispositivos miden la cantidad de radiación en un área determinada y pueden ayudar a las personas a determinar si es seguro entrar en una zona.

En general, comprender los aspectos básicos de la radiación es una parte importante de la preparación para un ataque nuclear. Conociendo los tipos de radiación y cómo medirla y controlarla, las personas pueden tomar medidas para protegerse a sí mismas y a sus familias.

Efectos de la radiación en el cuerpo humano

La exposición a la radiación puede tener efectos inmediatos y a largo plazo en el cuerpo humano. La gravedad de los efectos depende del tipo y la cantidad de exposición a la radiación.

1. Efectos inmediatos

Los efectos inmediatos de la exposición a la radiación están causados por altas dosis de radiación recibidas durante un corto periodo de tiempo. Los síntomas de la enfermedad por radiación pueden aparecer horas o días después de la exposición y pueden incluir náuseas, vómitos, diarrea, fiebre y quemaduras en la piel. La exposición a la radiación también puede causar daños en los órganos internos, incluida la médula ósea, lo que puede conducir a una disminución de la capacidad de producir células sanguíneas.

2. Efectos a largo plazo

Los efectos a largo plazo de la exposición a la radiación están causados por dosis bajas de radiación recibidas durante un periodo prolongado. Estos efectos pueden incluir un mayor riesgo de cáncer, mutaciones genéticas y otros problemas de salud. La exposición a la radiación puede provocar cambios en el ADN, lo que aumenta el riesgo de desarrollar cáncer. El riesgo de desarrollar cáncer aumenta con niveles más altos de exposición a la radiación y un tiempo de exposición prolongado.

Efectos de la radiación en el cuerpo humano

Los efectos de la radiación en el cuerpo humano dependen de varios factores, como el tipo de radiación, la dosis y la duración de la exposición. Las dosis altas de radiación pueden causar efectos inmediatos, mientras que las dosis más bajas pueden causar efectos retardados que pueden no aparecer hasta meses o años después.

Los efectos inmediatos de la exposición a la radiación incluyen:

- Náuseas y vómitos
- Diarrea
- Quemaduras en la piel
- Pérdida del conocimiento
- Muerte en casos graves

Los efectos retardados de la exposición a la radiación incluyen:

- Aumento del riesgo de cáncer
- Enfermedad por radiación
- Mutaciones genéticas
- Enfermedades crónicas como cardiopatías o cataratas

¿Cómo protegerse de la radiación nuclear?

El blindaje contra la radiación nuclear es crucial para reducir la exposición y protegerse de los efectos nocivos de la radiación. El tipo de protección necesaria depende del tipo de radiación, su energía y la cantidad de radiación a la que se expone una persona. He aquí algunas formas de protegerse contra la radiación nuclear:

- ***Radiación alfa:*** Las partículas alfa pueden ser detenidas por una fina capa de materiales como papel, ropa o la capa externa de la piel. Sin embargo, si se inhalan o ingieren partículas emisoras de radiación alfa, pueden causar daños importantes en los órganos internos.

- **Radiación beta:** Las partículas beta pueden blindarse con materiales más gruesos, como aluminio, plástico o plexiglás. El grosor del material necesario para el blindaje depende de la energía de la partícula beta. Por ejemplo, una partícula beta de mayor energía requerirá un blindaje más grueso.

- **Radiación gamma:** Los rayos gamma son muy penetrantes y requieren materiales más densos como plomo, hormigón o acero para el blindaje. El espesor del material necesario para el blindaje depende de la energía e intensidad de la radiación gamma.

- **Radiación de neutrones:** Los neutrones pueden blindarse con materiales como hormigón, agua o polietileno. El espesor del material necesario para el blindaje depende de la energía e intensidad de la radiación neutrónica.

- **Radiación de rayos X:** Los rayos X pueden blindarse con materiales como el plomo o el hormigón. El grosor del material necesario para el blindaje depende de la energía y la intensidad de la radiación de rayos X.

Además de estos materiales, existen otras formas de blindaje contra la radiación nuclear. Entre ellas se incluyen:

- **Distancia:** Cuanto más lejos esté de la fuente de radiación, menor será su exposición.

- **Tiempo:** Cuanto menos tiempo pase en presencia de la radiación, menor será su exposición.

- **Equipo de protección personal:** El uso de equipos de protección personal como respiradores, guantes y trajes puede ayudar a reducir la exposición a la radiación nuclear.

En general, el blindaje contra la radiación nuclear es esencial para protegerse de sus efectos nocivos. El uso de materiales y equipos de protección adecuados, combinado con la distancia y el tiempo, puede ayudar a reducir la exposición y aumentar las posibilidades de supervivencia en un ataque nuclear.

Límites recomendados de exposición a la radiación:

La exposición a la radiación puede causar diversos efectos nocivos en el cuerpo humano, como la enfermedad por radiación, daños en los órganos y un mayor riesgo de cáncer. Por lo tanto, es esencial establecer límites recomendados de exposición a la radiación para minimizar estos riesgos.

Los límites recomendados de exposición a la radiación suelen establecerlos **organismos gubernamentales**, como la Comisión Reguladora Nuclear de Estados Unidos (NRC), la Comisión Internacional de Protección Radiológica (ICRP) y la Organización Mundial de la Salud (OMS). Estas organizaciones tienen en cuenta las pruebas científicas más recientes para determinar los niveles seguros de exposición a la radiación en distintos escenarios.

Los límites de exposición a la radiación recomendados *dependen del tipo de radiación y de la duración de la exposición*. Por ejemplo, la NRC establece un límite anual de 50 milisieverts (mSv) de exposición a la radiación para los trabajadores de centrales nucleares, mientras que el público está limitado a una exposición anual de 1 mSv. La CIPR recomienda un límite de 20 mSv al año para los trabajadores de la radiación y de 1 mSv al año para el público en general.

También existen *límites de exposición* para situaciones específicas, como durante un accidente nuclear o en un entorno médico. En caso de accidente nuclear, a menudo se permiten niveles de exposición más elevados a los equipos de respuesta a emergencias y a los trabajadores para ayudar a mitigar los efectos de la catástrofe. En entornos médicos, los pacientes están expuestos a la radiación con fines diagnósticos y terapéuticos, y los profesionales sanitarios deben asegurarse de que los beneficios superan a los riesgos.

Es importante tener en cuenta que la exposición a la radiación es acumulativa a lo largo del tiempo, y la exposición repetida incluso a niveles bajos de radiación puede acumularse y causar daños. Por lo tanto, es crucial controlar los niveles de exposición a la radiación y respetar los límites recomendados para minimizar los riesgos.

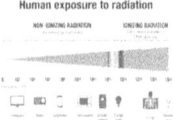

En general, los límites recomendados de exposición a la radiación son una herramienta crucial para proteger la salud y la seguridad públicas, y el cumplimiento de estos límites puede ayudar a mitigar los efectos nocivos de la exposición a la radiación.

Directrices para reducir la exposición a la radiación:

Las directrices para reducir la exposición a la radiación son importantes para minimizar el riesgo de efectos nocivos de la radiación. He aquí algunas directrices clave a tener en cuenta:

1. Minimizar la exposición a materiales radiactivos:

Intente limitar al máximo su exposición a fuentes de radiación. Esto incluye evitar procedimientos médicos innecesarios, limitar el tiempo que pasa cerca de fuentes de radiación y reducir la exposición al gas radón en los hogares.

2. Protegerse con refugios y equipos adecuados:

Durante un ataque nuclear, es importante buscar refugio en un sótano u otra zona protegida. Si es posible, utilice materiales de blindaje como plomo, hormigón o capas gruesas de tierra para bloquear la radiación. Además, el uso de equipos de protección adecuados, como respiradores, guantes y monos, también puede ayudar a reducir la exposición.

3. Descontaminación adecuada:

Si entra en contacto con materiales radiactivos, es importante que se descontamine adecuadamente a sí mismo y a su ropa para evitar una mayor exposición. Esto puede implicar quitarse la ropa contaminada, lavar la piel expuesta con agua y jabón y utilizar un detector de radiación para asegurarse de que todas las zonas contaminadas se han limpiado correctamente.

1. Seguir los protocolos de actuación en caso de emergencia:

Durante una emergencia nuclear, es importante seguir las instrucciones de los equipos de respuesta a emergencias y de los funcionarios del gobierno. Esto puede implicar evacuar la zona, buscar atención médica o tomar otras medidas para minimizar la exposición a la radiación.

Siguiendo estas directrices, las personas pueden ayudar a minimizar su exposición a la radiación y reducir el riesgo de efectos nocivos para la salud. Es importante conocer estas directrices y tomar las precauciones adecuadas en caso de emergencia nuclear.

Control y medición de la radiación

La radiación puede medirse y controlarse mediante contadores Geiger o dosímetros. Los contadores Geiger detectan y miden la cantidad de radiación ionizante en el entorno circundante. Los dosímetros, por su parte, son dispositivos personales que miden la dosis acumulada de radiación recibida por un individuo durante un periodo de tiempo.

Es importante señalar que la exposición a la radiación también puede controlarse mediante pruebas biológicas, como análisis de sangre o de orina. Estas pruebas pueden detectar la presencia de isótopos radiactivos en el cuerpo e indicar la cantidad de exposición a la radiación.

Reflexiones finales

En resumen, comprender los conceptos básicos de la radiación es crucial para cualquiera que se esté preparando para un ataque nuclear. Conociendo los tipos de radiación, sus efectos en el cuerpo humano y cómo controlar y medir la radiación, las personas pueden tomar medidas para protegerse a sí mismas y a sus seres queridos en caso de emergencia nuclear. Es importante mantenerse informado y seguir las orientaciones de los responsables de la gestión de emergencias durante un suceso de este tipo para garantizar las mejores posibilidades de supervivencia.

Capítulo 3

Diseño y construcción de refugios

En este capítulo trataremos lo siguiente:
- Información sobre el diseño y la construcción de un refugio nuclear.

- Materiales utilizados en la construcción si refugio nuclear

- Instrucciones paso a paso para la construcción de un refugio

"Las cicatrices de la guerra son profundas y su sombra puede ser alargada. La gente sufre y soporta de formas difíciles de describir " - **Barack Obama**

Introducción a los refugios nucleares

Una guerra nuclear podría tener consecuencias catastróficas, y prepararse para tal escenario es importante. Uno de los aspectos más importantes de la preparación para una guerra nuclear es disponer de un refugio seguro y fiable para protegerse a sí mismo y a sus seres queridos de los efectos nocivos de la radiación. En este capítulo, discutiremos el diseño y la construcción de un refugio nuclear en detalle, cubriendo todo, desde los materiales que se pueden utilizar hasta las instrucciones paso a paso para construir uno. Al final de este capítulo, comprenderás lo que se necesita para construir un refugio que pueda ayudarte a sobrevivir a un ataque nuclear (Couch, 2008).

Diseñar y construir un refugio nuclear es fundamental para sobrevivir a un ataque nuclear. En este capítulo, exploraremos los diversos materiales y técnicas utilizados para construir un refugio que pueda protegerte a ti y a tus seres queridos de los efectos de la radiación nuclear.

Materiales utilizados en la construcción de refugios nucleares

Varios materiales son aceptables para construir un refugio nuclear, incluyendo:

1. Hormigón:

El hormigón es popular para la construcción de refugios porque es fuerte y duradero. Puede reforzarse con acero para una mayor protección. Estos materiales también son resistentes al fuego y pueden soportar altas presiones y ondas de choque durante una explosión nuclear.

2. Acero:

El acero es otro material popular para la construcción de refugios porque es fuerte y puede soportar altas temperaturas y presiones.

3. Tierra:

Algunos refugios se construyen excavando un agujero en el suelo y cubriéndolo con tierra. Esto puede proporcionar una excelente protección contra la radiación nuclear, pero puede no ser práctico en todas las situaciones.

4. Plomo:

Además, se puede añadir una capa de plomo u otro material pesado a las paredes y el techo del refugio para proporcionar protección adicional contra la radiación.

Consideraciones sobre el diseño

Antes de construir un refugio nuclear, es importante tener en cuenta los siguientes factores de diseño:

1. Determinar la ubicación:

El primer paso para construir un refugio nuclear es determinar su ubicación. Debe construirse en un lugar de fácil acceso y con bajo riesgo de inundación o derrumbe. El refugio también debe estar situado al menos a 100 pies de distancia de otros edificios, árboles o cualquier otro peligro potencial que pueda causar daños al refugio.

2. Diseñe el refugio:

Una vez determinada la ubicación, el siguiente paso es diseñar el refugio. El refugio debe estar diseñado para soportar la presión y las ondas de choque durante una explosión nuclear. Las paredes deben tener al menos 30 cm de grosor y estar hechas de hormigón armado o acero. El techo también debe ser de hormigón armado o acero y tener un grosor mínimo de 24 pulgadas.

3. Tamaño:
El tamaño del refugio dependerá del número de personas que vayan a utilizarlo. Debe ser lo suficientemente grande como para acomodar a todos cómodamente, pero no tan grande que se vuelva difícil de mantener.

4. Ventilación:
El refugio debe tener una ventilación adecuada para evitar la acumulación de dióxido de carbono y otros gases.

5. Agua y saneamiento:
El refugio debe estar equipado con un suministro de agua y un medio para eliminar los residuos.

Pasos de la construcción: Guía paso a paso

Estos son algunos pasos a seguir para construir un refugio nuclear:

1. Excavar el emplazamiento:

Si construye un refugio subterráneo, excave el emplazamiento hasta la profundidad y el tamaño deseados.

2. Cimentación:

Los cimientos son una parte integral del refugio, ya que proporcionan el apoyo necesario para soportar el peso de las paredes y el techo. Los cimientos deben tener al menos 24 pulgadas de profundidad y ser de hormigón armado.

3. Refuerce las paredes:

Una vez completados los cimientos, el siguiente paso es construir las paredes. Las paredes deben ser de hormigón armado o acero y tener un grosor mínimo de 12 pulgadas. Además, se puede añadir a las paredes una capa de plomo u otro material pesado para proporcionar protección adicional contra la radiación. Refuerza las paredes con hormigón o acero para que sean lo suficientemente fuertes como para soportar la presión de una explosión.

4. Construye el tejado:

Construye un techo sobre el refugio utilizando hormigón, acero o tierra. El techo debe ser de hormigón armado o acero y tener un grosor mínimo de 24 pulgadas. Además, puedes añadir una capa de plomo u otro material pesado al techo para proporcionar protección adicional contra la radiación.

5. Instale la puerta:

La puerta es una parte importante del refugio, ya que proporciona la única entrada y salida. La puerta debe ser de acero reforzado y tener al menos 30 cm de grosor. También debe ser hermética para evitar que entren partículas radiactivas en el refugio.

6. Instale ventilación:

Instale un sistema de ventilación para garantizar un flujo de aire adecuado. Un sistema de ventilación es necesario para mantener el aire dentro del refugio fresco y limpio. El sistema de ventilación debe estar diseñado para filtrar cualquier partícula radiactiva que pueda entrar en el refugio. Instale el sistema antes del techo.

7. Añada agua y saneamiento:

Instale un suministro de agua y un medio para eliminar los residuos.

8. Abastecer el refugio:

Una vez completado el refugio, es importante abastecerlo con los suministros necesarios. Estos suministros incluyen comida, agua, material médico y cualquier otro elemento esencial que pueda necesitar en caso de ataque nuclear.

9. Instale los servicios públicos:

El refugio debe tener acceso a agua, electricidad y un retrete. Un generador de reserva garantiza un suministro eléctrico continuo.

10. Pruebe el refugio:
Pruebe el refugio para asegurarse de que es seguro y está adecuadamente equipado.

11. Instale los servicios públicos:
El refugio debe tener acceso a agua, electricidad y un aseo. Un generador de reserva puede garantizar un suministro eléctrico continuo.

Reflexiones finales

La construcción de un refugio nuclear es compleja y difícil, pero es fundamental para sobrevivir a un ataque nuclear. Si considera cuidadosamente el diseño y la construcción de su refugio, puede ayudar a garantizar su seguridad y su supervivencia y la de sus seres queridos. Recuerde seguir todas las directrices y normas de seguridad al construir un refugio, y busque asesoramiento profesional si es necesario.

Tipos de refugios nucleares:

Las personas pueden construir varios tipos de refugios nucleares para protegerse de los efectos devastadores de una explosión nuclear. Cada tipo tiene sus ventajas y desventajas, y la elección de cuál construir depende de varios factores, como el tamaño del refugio necesario, la ubicación y el presupuesto.

- **Búnkeres subterráneos:**

Los búnkeres subterráneos son el tipo de refugio nuclear más común y conocido. Suelen construirse excavando un gran agujero en el suelo y construyendo en su interior una estructura de hormigón armado. Estos búnkeres pueden diseñarse para resistir la onda expansiva y el calor de una explosión nuclear, y proteger contra la radiación.

- Refugio sobre el suelo:

Los refugios sobre el suelo se construyen normalmente utilizando hormigón armado o acero y se levantan sobre el suelo. Estos refugios pueden construirse como un añadido a un edificio existente o como una estructura independiente. Suelen ser menos costosos de construir que los búnkeres subterráneos, pero pueden ofrecer menos protección frente a la explosión inicial.

- Refugio en el hogar:

Los refugios en el hogar se construyen dentro de una casa, normalmente en el sótano o en una habitación interior. Estos refugios se construyen normalmente con hormigón armado o acero y están diseñados para proteger de la radiación de la lluvia radiactiva. Suelen ser más asequibles que otros tipos de refugios, pero pueden no ser tan eficaces en la protección contra la explosión inicial.

- **Refugios comunitarios:**

Los refugios comunitarios son refugios a gran escala diseñados para proteger a muchas personas durante un ataque nuclear. Estos refugios pueden estar en edificios públicos como escuelas, edificios gubernamentales o centros comunitarios. Suelen estar diseñados para cubrir necesidades como alimentos, agua y atención médica durante un cierto tiempo.

- Refugios híbridos:

Los refugios híbridos combinan las características de dos o más tipos de refugios. Por ejemplo, un búnker subterráneo puede diseñarse con una entrada sobre el suelo, o un refugio en casa puede reforzarse con capas adicionales de hormigón o acero para proporcionar más protección.

Es importante tener en cuenta que cada tipo de refugio tiene ventajas e inconvenientes, y que ninguno es perfecto. La elección de qué tipo construir depende de varios factores, como la ubicación, el presupuesto y el número de personas a proteger. Siempre se recomienda consultar con un arquitecto o ingeniero profesional a la hora de diseñar y construir un refugio nuclear para garantizar que sea seguro y eficaz.

¿Qué posibilidades hay de sobrevivir en un refugio nuclear en caso de lluvia radiactiva?

Las posibilidades de sobrevivir en un refugio nuclear durante una lluvia radiactiva dependen de varios factores, como el tamaño y la ubicación del refugio, la distancia al lugar de la detonación y la duración de la estancia en el refugio (Popkess, 1982).

- Supongamos que el refugio está diseñado y construido correctamente y está situado lo suficientemente lejos del lugar de la detonación. En ese caso, puede proporcionar una protección significativa frente a la onda expansiva y el calor iniciales de una explosión nuclear. El refugio también puede proteger de la radiación liberada durante la lluvia radiactiva. Sin embargo, la eficacia del refugio disminuye a medida que aumenta la duración de la estancia. Cuanto más tiempo permanezca una persona en el refugio, más expuesta estará a la radiación de la lluvia radiactiva fuera del refugio.

Además, el tipo y la intensidad de la radiación también pueden afectar a las posibilidades de supervivencia. La exposición a altos niveles de radiación puede causar efectos inmediatos en la salud, como la enfermedad por radiación o incluso la muerte. Por el contrario, la exposición prolongada a niveles de radiación más bajos puede aumentar el riesgo de cáncer y otros efectos sobre la salud a largo plazo. En general, aunque un refugio nuclear puede aumentar significativamente las posibilidades de supervivencia durante una lluvia radiactiva, también es importante tener un plan para salir del refugio y para la recuperación y reconstrucción a largo plazo después del suceso.

¿Qué es un refugio antinuclear?

Un refugio antinuclear es un tipo de refugio diseñado para proteger a las personas de la lluvia radiactiva que puede producirse tras una explosión nuclear. La lluvia radiactiva es el polvo, la ceniza y otros restos que se generan al detonar una bomba nuclear y que el viento puede transportar a cientos de kilómetros del lugar de la explosión. Los refugios contra la lluvia radiactiva se construyen para proteger a las personas de este material radiactivo, que puede causar enfermedades por radiación y otros problemas de salud graves.

Los refugios contra la lluvia radiactiva pueden adoptar diversas formas, como sótanos, búnkeres subterráneos o refugios construidos expresamente. Suelen estar construidos con gruesos muros de hormigón, ladrillo o tierra, que pueden absorber la radiación e impedir que entre en el refugio. El techo y las puertas también están diseñados para ser herméticos e impedir la entrada de partículas radiactivas.

Además de proporcionar protección contra la radiación, los refugios antinucleares suelen estar equipados con suministros básicos como comida, agua y material médico, así como equipos de comunicación y dispositivos de control de la radiación. La idea es ser autosuficiente durante un periodo de tiempo hasta que sea seguro abandonar el refugio.

Los refugios antiaéreos fueron especialmente populares durante la Guerra Fría, cuando la amenaza de una guerra nuclear era una preocupación constante. Muchos edificios públicos y gubernamentales estaban equipados con refugios antinucleares, y se animaba a la gente a construir sus propios refugios en casa. Sin embargo, con el final de la Guerra Fría y la reducción del número de armas nucleares, el uso de los refugios anticaída ha disminuido.

Capítulo 4

Suministros de refugio

En este capítulo, discutiremos lo siguiente:
- Discutir los suministros que deben almacenarse en un refugio nuclear.
- Materiales utilizados en la construcción si refugio nuclear
- Instrucciones paso a paso para la construcción de un refugio

"Toda guerra es un síntoma del fracaso del hombre como animal pensante"—— *John Steinbeck*

Introducción:

En un ataque nuclear, la supervivencia de las personas y familias con acceso a un refugio nuclear depende en gran medida de los suministros de los que se hayan abastecido. Es importante tener suficiente comida, agua, suministros médicos y equipos de monitorización de la radiación para que duren un largo periodo de tiempo. Este capítulo discutirá la importancia de tener provisiones para el refugio, qué provisiones debe tener, y cómo los individuos y las familias pueden prepararse para un ataque nuclear. Abastecerse de suministros de refugio antes de un ataque nuclear:

Abastecerse de suministros antes de un ataque nuclear es crucial, ya que puede ser difícil o imposible obtenerlos una vez que se produzca el ataque nuclear. Las siguientes son algunas de las cosas que los individuos y las familias deben tener en cuenta a la hora de abastecerse de suministros:

- Determinar la Cantidad de Suministros Necesarios:

La duración de los suministros necesarios dependerá de varios factores, como el número de personas en el refugio, la duración prevista del ataque y los recursos disponibles. Se recomienda tener suministros que puedan durar al menos dos semanas.

- **Compre alimentos no perecederos:**

Abastézcase de alimentos no perecederos como conservas, frutos secos y nueces. Asegúrese de que los alimentos sean nutritivos y proporcionen una dieta equilibrada. Evite los alimentos ricos en sal o azúcar, ya que pueden provocar deshidratación.

- **Almacene agua:**

Almacene el agua en recipientes resistentes que puedan soportar el impacto de un ataque nuclear. La recomendación es almacenar al menos un galón de agua por persona y día.

- **Tenga un botiquín de primeros auxilios:**

Un botiquín de primeros auxilios debe incluir suministros médicos básicos como vendas, antisépticos y analgésicos. Es importante incluir los medicamentos que puedan necesitar los miembros de la familia.

- **Equipo de monitorización de la radiación:**

Incluya equipos de monitorización de la radiación, como contadores Geiger, en los suministros del refugio. Esto ayudará a las personas a controlar los niveles de radiación y asegurarse de que no se exponen a niveles de radiación perjudiciales. Suministros de higiene personal:

Abastézcase de suministros de higiene personal como jabón, pasta de dientes y papel higiénico. Es importante mantener la higiene personal para evitar la propagación de enfermedades.

- **Otros suministros:**

Otros suministros que las personas y las familias deben considerar abastecerse incluyen linternas, baterías, radios y mantas.

Crear un plan:

Además de abastecerse de suministros, las personas y las familias también deben planificar qué hacer en caso de un ataque nuclear. Las siguientes son algunas de las cosas que deben tenerse en cuenta al crear un plan:

- Identificar una ubicación de refugio:

Identifique un lugar de refugio de fácil acceso y con espacio suficiente para todos. Asegúrese de que el lugar esté alejado de ventanas y puertas.

- Información de contacto en caso de emergencia:

Tenga una lista de información de contacto de emergencia, como la policía, los bomberos y los servicios médicos. Es importante tener esta información fácilmente disponible en caso de emergencia.

- Control de la radiación:

Establezca un sistema para controlar los niveles de radiación. Este sistema puede consistir en asignar a un miembro de la familia la tarea de vigilar los niveles de radiación utilizando el contador Geiger.

- Plan de evacuación:

Si es necesario evacuar el refugio, planifique dónde ir y cómo llegar. Es importante identificar lugares de refugio alternativos en caso de que la ubicación del refugio inicial se vea comprometida.

Guía del kit de supervivencia ante una guerra nuclear:

Un kit de supervivencia a una guerra nuclear es una colección de artículos y suministros esenciales para ayudar a individuos y familias a sobrevivir a un ataque nuclear y sus secuelas. El kit debe incluir suministros que puedan ayudar a las personas a refugiarse en el lugar o evacuar a un lugar más seguro.

Estos son algunos artículos que puede incluir en un kit de supervivencia para una guerra nuclear:

- **Agua y alimentos:** El agua y los alimentos son los suministros más importantes que deben incluirse en un equipo de supervivencia para una guerra nuclear. Las personas deben abastecerse de suficiente agua y alimentos no perecederos para al menos dos semanas.

- **Suministros médicos:** Una guerra nuclear puede provocar lesiones y enfermedades, por lo que es importante incluir suministros médicos básicos en el botiquín. Estos suministros pueden incluir botiquines de primeros auxilios, recetas y medicamentos de venta libre.

- **Equipos de control de la radiación:** Los niveles de radiación pueden ser altos tras un ataque nuclear, y las personas deben ser capaces de controlar los niveles de radiación en su entorno inmediato. Un equipo de control de la radiación puede incluir un

contador Geiger, un dosímetro y pastillas de yoduro potásico.

- **Ropa y ropa de cama:** Las partículas de radiación pueden adherirse a la ropa y a la ropa de cama y, por lo tanto, las personas deben incluir en el botiquín ropa, mantas y sacos de dormir adicionales. También se recomienda disponer de ropa y fundas de zapatos desechables para evitar la contaminación.

- **Suministros de saneamiento:** En caso de ataque nuclear, es posible que se interrumpan los sistemas de agua y saneamiento. Es importante disponer de suministros como jabón, desinfectante y retretes portátiles para mantener la higiene.

- **Equipo de comunicación:** La comunicación puede ser vital en caso de un ataque nuclear, y por lo tanto, las personas deben incluir radios, walkie-talkies y otros equipos de comunicación en su kit.

- **• Documentos personales y dinero en efectivo:** Las personas deben guardar los documentos personales importantes, como pasaportes, carnés de conducir y papeles del seguro, en un recipiente impermeable. También es importante tener dinero en efectivo y cambio en el botiquín por si se interrumpen los sistemas de pago electrónico.

Conclusión:

Abastecerse de suministros de refugio y crear un plan para saber qué hacer en caso de ataque nuclear puede aumentar significativamente las posibilidades de supervivencia. Es importante asegurarse de que los suministros de refugio se almacenan adecuadamente y son fácilmente accesibles en caso de emergencia. Además, las personas y las familias deben revisar periódicamente sus planes de emergencia y actualizarlos cuando sea necesario. Tomando estas medidas, las personas y las familias pueden estar mejor preparadas para un ataque nuclear y aumentar sus posibilidades de supervivencia.

Es importante revisar y actualizar periódicamente el kit de supervivencia ante una guerra nuclear. Guarde estos suministros en un contenedor impermeable y duradero en un lugar de fácil acceso. Las familias también deben crear un plan de emergencia detallado y practicarlo con regularidad. El plan debe incluir estrategias de comunicación, rutas de evacuación e instrucciones para refugiarse.

En conclusión, un kit de supervivencia para la guerra nuclear puede ser un salvavidas en caso de ataque nuclear. Es importante incluir los suministros esenciales y actualizar periódicamente el kit. Las familias también deben crear un plan de emergencia detallado y practicarlo con regularidad.

Capítulo 5

Mantenimiento del refugio

En este capítulo se tratará lo siguiente:

- El mantenimiento continuo que requiere un refugio nuclear.

- Por qué la ventilación y el agua son importantes en un refugio nuclear

- La gestión de residuos del refugio nuclear

- El control de la radiación

"Nunca pienses que la guerra, por necesaria que sea, ni por justificada que esté, no es un crimen" —— Ernest Hemingway, *Ernest Hemingway: Una referencia literaria*

Introducción al mantenimiento del refugio:

Un refugio nuclear es vital en una guerra o ataque nuclear. Sin embargo, el mantenimiento adecuado del refugio es necesario para garantizar su eficacia a la hora de proteger a las personas de la exposición a la radiación. El refugio debe mantenerse en buenas condiciones y sus sistemas deben funcionar correctamente. En este capítulo se ofrecen directrices prácticas sobre el mantenimiento, la reparación y la vigilancia radiológica de los refugios para garantizar que puedan proteger eficazmente a sus ocupantes.

Ventilación

Uno de los aspectos esenciales del mantenimiento de un refugio es una ventilación adecuada. El sistema de ventilación del refugio debe funcionar correctamente para mantener el aire circulando y eliminar los gases nocivos, como el dióxido de carbono y el monóxido de carbono. Sin una ventilación adecuada, la calidad del aire del refugio puede deteriorarse y provocar problemas de salud e incomodidad.

Se recomienda instalar un sistema de ventilación independiente para el refugio, que aspire aire fresco del exterior y expulse el aire viciado. El sistema de ventilación debe tener un filtro para eliminar el polvo o los residuos del aire entrante. Los filtros del sistema deben revisarse, limpiarse o sustituirse periódicamente, dependiendo de su estado.

Gestión del agua y los residuos

En un refugio nuclear, es esencial disponer de un suministro de agua limpio y fiable. Se recomienda disponer de un sistema de almacenamiento de agua en el refugio para garantizar un suministro de agua adecuado durante una emergencia. El agua almacenada debe reponerse periódicamente para que se mantenga fresca y segura para el consumo.

El refugio también debe contar con un sistema de gestión de residuos. Los desechos pueden acumularse rápidamente, provocando condiciones insalubres, olores desagradables y enfermedades. Se recomienda disponer de una zona separada de almacenamiento de residuos y eliminarlos fuera del refugio cuando sea necesario. Todos los residuos deben almacenarse en recipientes herméticos y eliminarse adecuadamente para evitar atraer roedores u otras plagas.

Control de la radiación

La radiación es una preocupación importante en un refugio nuclear, y su control es crucial. La exposición a la radiación puede provocar efectos agudos y a largo plazo sobre la salud, como cáncer, mutaciones genéticas y daños orgánicos. Se recomienda instalar un sistema de control de la radiación en el refugio para detectar y medir los niveles de radiación.

El sistema de control de la radiación debe tener un dosímetro que mida los niveles de radiación en los alrededores del refugio. Registre regularmente las lecturas del dosímetro para controlar cualquier cambio en los niveles de radiación. Puede ser necesario tomar precauciones adicionales si aumentan los niveles de radiación, como sellar las puertas y ventanas del refugio.

Reparación del refugio

Como cualquier estructura, un refugio nuclear puede necesitar reparaciones con el tiempo. Es esencial inspeccionar el refugio con regularidad para detectar cualquier daño o deterioro que pueda comprometer su eficacia. Revise las paredes, puertas y ventanas del refugio en busca de grietas, fugas u otros signos de daño.

Repare rápidamente cualquier daño o deterioro para garantizar la integridad estructural del refugio. Se recomienda tener materiales de reparación, como hormigón y acero, fácilmente disponibles en el refugio. También se recomienda tener un kit de reparación con herramientas y suministros para reparar cualquier daño rápidamente.

Directrices prácticas para refugiarse de la radiación ionizante

Además del mantenimiento del refugio, es esencial seguir unas directrices prácticas para refugiarse de la radiación ionizante. Estas directrices pueden ayudar a las personas y a las familias a prepararse para un ataque nuclear y a saber qué hacer en caso de emergencia.

- En primer lugar, prepare un kit de emergencia para el refugio con los suministros esenciales, incluidos alimentos, agua, suministros médicos y equipos de control de la radiación. El kit de emergencia debe estar fácilmente disponible y accesible en el refugio.

- En segundo lugar, tenga un plan para refugiarse en caso de ataque nuclear. El plan debe incluir instrucciones para acceder al refugio, evacuar la zona y ponerse en contacto con los servicios de emergencia. El plan también debe describir qué hacer en caso de emergencia radiológica.

- En tercer lugar, manténgase informado sobre las amenazas nucleares y las alertas de emergencia. Las personas deben estar atentas a las noticias locales y a los anuncios del gobierno sobre radiación nuclear.

- Controlar los niveles de radiación es crucial para garantizar la seguridad de quienes viven en el refugio. Compruebe regularmente el equipo de control de la radiación para asegurarse de que funciona correctamente. Este equipo puede incluir contadores Geiger, dosímetros y muestreadores de aire. La

frecuencia del monitoreo dependerá del nivel de radiación en el área, pero debe monitorear al menos una vez al día.

Gestión del agua y los residuos

La gestión del agua y los residuos es importante para mantener un entorno seguro y saludable en el refugio. Almacene un suministro de agua limpia en el refugio. Incluye filtros o pastillas purificadoras en el kit de supervivencia. Elimine los residuos adecuadamente para evitar la contaminación y las enfermedades. Se puede utilizar un retrete de compostaje para la gestión de residuos, o un simple retrete de cubo con tapa sellable, cuyos residuos se eliminan fuera del refugio en un lugar designado.

Reparación del refugio

Realice inspecciones y tareas de mantenimiento periódicas del refugio para garantizar que se mantiene en buen estado. Atienda inmediatamente cualquier signo de daño o desgaste para evitar daños mayores y garantizar que el refugio siga siendo estructuralmente sólido. Repare las fugas, sustituya los materiales dañados o desgastados y refuerce los soportes estructurales. En resumen, el mantenimiento adecuado del refugio es crucial para garantizar la seguridad y el bienestar de quienes viven en un refugio nuclear. El control periódico de los niveles de radiación, la gestión adecuada del agua y los residuos, y la reparación del refugio son consideraciones importantes. Siga las directrices prácticas para refugiarse de la radiación ionizante para garantizar la máxima protección. Las personas pueden aumentar sus posibilidades de sobrevivir a un ataque nuclear y a las secuelas de la radiación tomando estas medidas.

¿Hay alguna diferencia entre un refugio y una habitación segura en una guerra nuclear?

Sí, existe una diferencia entre **un refugio y una habitación segura** en el contexto de una guerra nuclear.

Un **refugio** es una estructura diseñada específicamente para proteger a las personas de los **efectos dañinos de una explosión nuclear**, incluyendo la explosión, el calor y la radiación. Suele ser subterráneo, resistente y capaz de soportar las fuerzas de una explosión nuclear.

Un refugio nuclear suele estar diseñado para **proporcionar protección** durante un **periodo prolongado**, normalmente varias semanas, durante el cual la lluvia radiactiva de la explosión se disipará.

Por otro lado, **una habitación segura** es una habitación fortificada dentro de un edificio diseñada para proteger a sus ocupantes de diversos peligros, como **condiciones meteorológicas adversas, robos o allanamientos de morada.** Aunque una habitación segura puede proporcionar cierta protección contra los efectos de una explosión nuclear, no está diseñada específicamente para este fin. Puede que no proporcione una protección adecuada contra la intensa radiación y el calor que genera una explosión nuclear.

En resumen, un refugio nuclear es una estructura especializada diseñada específicamente para la protección frente a un ataque nuclear, mientras que una habitación segura es una habitación fortificada dentro de un edificio que puede proporcionar cierta protección frente a diversos peligros, incluida una explosión nuclear, pero que no está específicamente diseñada para este fin.

Refugios y búnkeres en todo el mundo:

Los búnkeres se han utilizado en diversos conflictos, como **la Primera y la Segunda Guerra Mundial.** En la Primera Guerra Mundial, los soldados de ambos bandos construyeron búnkeres y trincheras para protegerse del fuego enemigo. Estos búnkeres a menudo se excavaban en el suelo y se forraban con sacos de arena u otros materiales para proporcionar protección adicional.

Durante **la Segunda Guerra Mundial**, los búnkeres desempeñaron un papel aún más importante. Tanto los Aliados como las potencias del Eje construyeron búnkeres y fortificaciones como parte de sus estrategias defensivas. Estos búnkeres estaban diseñados para resistir los intensos bombardeos de las fuerzas enemigas y a menudo incluían muros de hormigón armado, puertas antiexplosión y sistemas de filtración de aire.

En conflictos más recientes, como **la guerra entre Ucrania y Rusia**, los búnkeres y refugios subterráneos también han desempeñado un papel. Durante la anexión **rusa de Crimea** en 2014, los soldados **ucranianos** construyeron búnkeres y túneles subterráneos para protegerse de los bombardeos y ataques aéreos rusos. En el actual conflicto en el **este de Ucrania**, los civiles también han construido refugios subterráneos para protegerse de la violencia.

En general, los búnkeres y refugios subterráneos se han utilizado a lo largo de la historia como medio de protección contra el fuego enemigo y otras formas de violencia. Aunque los materiales y las tecnologías utilizados para construir estas estructuras han evolucionado, los principios básicos para proporcionar un espacio seguro siguen siendo los mismos.

Capítulo 6

Comunicación de emergencia

En este capítulo trataremos lo siguiente:

- Información sobre la comunicación durante un ataque nuclear

- Formas de mantenerse informado, como las emisiones de radio y televisión.

- Cómo comunicarse con la familia y con los equipos de respuesta a emergencias

- Plan de comunicación de emergencia

"Escuchad: no hay guerra que acabe con todas las guerras" —— *Haruki Murakami, Kafka on the Shore*

Introducción a la comunicación de emergencia durante una catástrofe nuclear

En caso de ataque nuclear, la comunicación es esencial para la supervivencia. Saber lo que está ocurriendo fuera de tu refugio y ser capaz de comunicarte con los demás puede ayudarte a tomar decisiones informadas y a mantenerte a salvo. Este capítulo proporcionará información detallada sobre la comunicación de emergencia durante un ataque nuclear, incluyendo formas de mantenerse informado, cómo comunicarse con la familia y los equipos de emergencia, y cualquier plan de comunicación de emergencia a nivel federal y local.

Formas de mantenerse informado

Durante un ataque nuclear, es esencial mantenerse informado sobre lo que ocurre fuera de su refugio. Esta información puede ayudarle a decidir cuándo es seguro salir de su refugio o si necesita tomar precauciones adicionales. Hay varias formas de mantenerse informado durante un ataque nuclear:

- **Emisiones de radio:**

Se emitirán emisiones de emergencia en emisoras de radio de todo el país. Estas emisiones proporcionarán información sobre el estado del ataque, instrucciones sobre qué hacer y actualizaciones sobre cualquier esfuerzo de socorro. Asegúrese de tener una radio a pilas o de manivela en su refugio para recibir estas emisiones.

- **Emisiones de televisión:**

Además de las emisiones de radio, también se emitirá información de emergencia por televisión. Estas emisiones proporcionarán la misma información que las emisiones de radio, pero con elementos visuales adicionales que pueden ayudar a aclarar la situación.

- **Alertas de emergencia:**

Muchos smartphones y otros dispositivos móviles están equipados con sistemas de alerta de emergencia. El gobierno enviará estas alertas y proporcionará información sobre el ataque y las precauciones necesarias. Asegúrate de haber configurado tu dispositivo móvil para recibir alertas de emergencia. Internet:
En algunos casos, la información de emergencia puede publicarse en Internet. Sin embargo, durante un ataque nuclear, Internet puede no ser una fuente fiable de información, ya que los cortes de electricidad y otras interrupciones podrían afectar a la conectividad a Internet.

Comunicación con la familia y el personal de emergencia

Durante un ataque nuclear, es importante poder comunicarse con los familiares y el personal de emergencia. Hay varias formas de hacerlo:

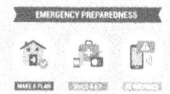

1. **Teléfonos móviles:**

Si su teléfono móvil aún funciona, utilícelo para comunicarse con sus familiares y con el personal de emergencia. Sin embargo, tenga en cuenta que las redes móviles pueden sobrecargarse o interrumpirse durante un ataque nuclear.

1. **Teléfonos fijos:**

Si tiene un teléfono fijo en su refugio, utilícelo para comunicarse con sus familiares y con el personal de emergencia. Sin embargo, las redes de telefonía fija también pueden sobrecargarse o interrumpirse durante un ataque nuclear.

1. **Radios de dos vías:**

Las radios bidireccionales son una opción de comunicación fiable durante un ataque nuclear, ya que no dependen de redes externas. Asegúrese de tener un juego de radios bidireccionales completamente cargadas en su refugio.

1. Silbatos de emergencia:

Si no puede comunicarse verbalmente, utilice un silbato de emergencia para pedir ayuda. Asegúrese de que cada miembro de su refugio tiene un silbato.

Planes de comunicación de emergencia a nivel federal y local

A nivel federal, el gobierno de los Estados Unidos ha establecido el Sistema de Alerta de Emergencia (EAS) para proporcionar información de emergencia al público. El EAS está diseñado para ser utilizado por las autoridades federales, estatales y locales para difundir información de emergencia al público. Durante un ataque nuclear, el EAS se activará para proporcionar información e instrucciones.

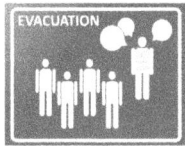

A nivel local, los planes de comunicación de emergencia varían según el lugar. Muchas ciudades y pueblos han establecido sistemas de alerta de emergencia para informar al público durante un ataque nuclear. Consulte a su organismo local de gestión de emergencias para averiguar qué opciones de comunicación existen en su zona.

Además de los canales oficiales de comunicación de emergencia, es esencial tener un plan para comunicarse con los miembros de la familia en caso de ataque nuclear. Este plan puede incluir lugares de reunión designados y métodos de contacto como teléfonos móviles, mensajes de texto o redes sociales. Es importante asegurarse de que todos los miembros de la familia conocen el plan y tienen acceso a los métodos de comunicación designados.

Otro aspecto de la comunicación de emergencia durante un ataque nuclear es la comunicación con los servicios de emergencia. Esto puede incluir llamar al 911 o a otras líneas de emergencia, así como utilizar los canales de comunicación designados, como las radios de radioaficionados o los teléfonos vía satélite.

Directrices prácticas y enfoque del refugio contra la radiación ionizante

Durante un ataque nuclear, la principal preocupación es la exposición a la radiación ionizante. La radiación ionizante puede dañar las células y el ADN, provocando diversos problemas de salud, como cáncer y mutaciones genéticas. Es esencial minimizar la exposición a la radiación ionizante en la mayor medida posible, tanto durante como después de un ataque nuclear. Esta sección proporcionará directrices prácticas y enfoques para protegerse de la radiación ionizante.

- Tiempo, distancia y blindaje

Los tres factores principales para reducir la exposición a la radiación ionizante son el tiempo, la distancia y el blindaje. El tiempo se refiere a la cantidad de tiempo que se pasa expuesto a la radiación ionizante, mientras que la distancia se refiere a la distancia física entre una persona y una fuente de radiación. El blindaje se refiere al uso de materiales para bloquear o absorber la radiación ionizante.

- Ubicación del refugio

La ubicación del refugio es fundamental para reducir la exposición a la radiación ionizante. El refugio debe estar bajo tierra, si es posible, o en el centro de un edificio, lejos de ventanas y paredes exteriores. También debe estar lo más alejado posible de la fuente de radiación.

- Materiales de blindaje

Seleccione los materiales utilizados en la construcción del refugio en función de su capacidad de blindaje contra la radiación ionizante. Los materiales gruesos, como el hormigón y el acero, son eficaces para bloquear la radiación. Otros materiales, como los sacos de arena y la tierra, también pueden absorber la radiación.

- Ventilación y filtración

Una ventilación y filtración de aire adecuadas son esenciales en un refugio nuclear. El refugio debe tener un sistema de ventilación que filtre el aire para eliminar las partículas radiactivas. La entrada de aire debe ser lo más alta posible para evitar el aire contaminado cerca del suelo.

- Control de los niveles de radiación

Controle los niveles de radiación dentro y fuera del refugio. Se debe disponer de un contador Geiger u otro equipo de control de la radiación para medir los niveles de radiación. Si los niveles de radiación aumentan, los ocupantes del refugio deben permanecer dentro y esperar a que los niveles de radiación disminuyan.

- Descontaminación

Si los ocupantes del refugio están expuestos a radiación ionizante, deben descontaminarse para eliminar las partículas radiactivas de su piel y ropa. La descontaminación consiste en quitarse la ropa y lavarse la piel con agua y jabón.

Comunicación de emergencia

La comunicación durante un ataque nuclear es crítica. Es posible que los equipos de emergencia no puedan responder inmediatamente a las llamadas de ayuda debido a la naturaleza generalizada del ataque. Es esencial contar con un plan de comunicación que incluya una forma de ponerse en contacto con los miembros de la familia y los equipos de emergencia.

Planificación posterior al ataque

Tras un ataque nuclear, los ocupantes del refugio deben permanecer dentro hasta que sea seguro salir. La decisión de salir debe basarse en los niveles de radiación fuera del refugio. Una vez que sea seguro salir, los ocupantes del refugio deben tener un plan de alimentos, agua y suministros médicos.

Algunas reflexiones finales

En conclusión, refugiarse de la radiación ionizante durante un ataque nuclear requiere una cuidadosa planificación y preparación. El uso del tiempo, la distancia y el blindaje es esencial para reducir la exposición a la radiación ionizante. La ubicación del refugio, los materiales utilizados en su construcción, la ventilación y filtración, el control de la radiación, la descontaminación, la comunicación de emergencia y la planificación posterior al ataque son todos componentes críticos del refugio contra la radiación ionizante.

Chapter 7

Evacuación y reingreso

En este artículo analizaremos lo siguiente:

- La decisión de evacuar
- Proporcionar información sobre las rutas de evacuación
- El transporte de emergencia
- El proceso de reingreso a una zona después de un ataque nuclear

"Quizá haya muchas causas por las que merezca la pena morir, pero para mí, ciertamente, no hay ninguna por la que merezca la pena matar".—— **Albert Dietrich, soldado del ejército, pacifista CO: Las cartas de Frank Dietrich y Albert Dietrich durante la Segunda Guerra Mundial**

Introducción: Evacuación y reentrada tras un ataque nuclear

Durante un ataque nuclear, la evacuación puede ser necesaria para evitar los peligros de la radiación ionizante. Las autoridades locales o federales deben tomar la decisión de evacuar basándose en la información disponible en ese momento. En este capítulo se analizarán los factores que intervienen en la decisión de evacuar, así como los pasos del proceso de evacuación. También tratará el proceso de reentrada en una zona tras un ataque nuclear y las precauciones que deben tomarse para garantizar la seguridad.

Factores que intervienen en la decisión de evacuar:

a decisión de evacuar una zona tras un ataque nuclear se basará en varios factores, como la gravedad del ataque, la cantidad de radiación liberada y los riesgos potenciales para la salud humana. Las autoridades locales o federales dispondrán de varias herramientas para evaluar estos factores, como equipos de control de la radiación, patrones meteorológicos e informes de inteligencia.

Además de estos factores, la decisión de evacuar también dependerá de la disponibilidad de transporte, el número de personas en la zona afectada y la capacidad de los refugios cercanos. Si se considera necesaria una evacuación, las autoridades emitirán una orden de evacuación y darán instrucciones sobre cómo hacerlo de forma segura.

Etapas del proceso de evacuación:

Los procedimientos de evacuación pueden variar en función de las circunstancias específicas del ataque nuclear y de los recursos disponibles en la zona afectada. Sin embargo, hay algunos pasos generales que deben seguirse para garantizar una evacuación segura:

- Manténgase informado:

Antes de evacuar, es esencial mantenerse informado de los últimos acontecimientos e instrucciones de las autoridades locales o federales. Puede obtener esta información a través de las emisiones de radio y televisión, las alertas de emergencia y las redes sociales.

- Empaque los artículos esenciales:

Al evacuar, es importante empacar artículos esenciales, como alimentos, agua, ropa y medicamentos. También es aconsejable llevar una radio portátil, una linterna y pilas de repuesto.

- Siga las rutas de evacuación:

Las autoridades proporcionarán información sobre las rutas de evacuación que deben utilizarse. Es fundamental seguir estas rutas para evitar la congestión del tráfico y la posible exposición a radiaciones ionizantes.

- Busque refugio:

Si es posible, busque refugio en un centro de evacuación designado o en otro lugar seguro. Las autoridades proporcionarán información sobre la ubicación de estos centros y cómo acceder a ellos.

- Mantenga la calma:

Durante una evacuación, es natural sentirse ansioso y asustado. Sin embargo, es importante mantener la calma y seguir las instrucciones de las autoridades. El pánico puede conducir a situaciones peligrosas y poner en riesgo a los demás.

Proceso de reingreso:

Una vez que el peligro de radiación ionizante haya disminuido, las autoridades locales o federales comenzarán el proceso de reingreso. El reingreso consiste en permitir que las personas regresen a sus hogares y negocios en la zona afectada. Sin embargo, el proceso de reingreso debe planificarse cuidadosamente para garantizar que sea seguro y eficaz.

El proceso de reingreso puede incluir los siguientes pasos:

Evaluación de la zona: Antes de permitir que la gente vuelva a entrar en la zona afectada, las autoridades evaluarán el nivel de radiación y otros peligros presentes. Esta evaluación puede incluir equipos de control de la radiación y otras herramientas de detección de peligros.

- Limpieza y descontaminación:

Si es necesario, puede ser necesario limpiar y descontaminar la zona antes de que las personas puedan volver a entrar. Este proceso implica retirar los materiales radiactivos y otros peligros de los edificios y la infraestructura.

- Control de acceso:

Las autoridades pueden restringir el acceso a la zona afectada hasta que se considere seguro volver a entrar. Esto puede implicar puestos de control y otras medidas para controlar el acceso y garantizar la seguridad.

- Información y apoyo:

Las autoridades proporcionarán información y apoyo a quienes regresen a la zona afectada. Esto puede incluir información sobre precauciones sanitarias y de seguridad, así como apoyo a quienes hayan perdido sus hogares o negocios.

Precauciones durante el reingreso:

Durante el proceso de reingreso, es esencial tomar precauciones para minimizar la exposición a la radiación residual. Las siguientes son algunas de las precauciones que deben tomarse durante el reingreso:

- Llevar ropa protectora:

Al regresar a un afectado por la radiación nuclear, es importante usar ropa protectora, como camisas de manga larga, pantalones y guantes, para reducir el riesgo de exposición a la radiación residual.

- Utilice protección respiratoria:

También es importante utilizar protección respiratoria, como una máscara antipolvo o un respirador, para evitar inhalar cualquier partícula radiactiva residual en el aire.

- Siga los procedimientos de descontaminación:

Antes de entrar en cualquier edificio o vehículo, es importante seguir los procedimientos de descontaminación para eliminar cualquier partícula radiactiva en la ropa o el equipo.

- Evite las zonas contaminadas:

Evite las zonas muy contaminadas durante el reingreso, y tenga cuidado al entrar en zonas que no hayan sido inspeccionadas previamente en busca de radiación.

- Siga las instrucciones de las autoridades:

Es importante seguir las instrucciones de las autoridades locales sobre los procedimientos de reentrada segura y cualquier restricción de movimiento o actividades en la zona afectada.

Para llevar:
La decisión de evacuar y volver a entrar en una zona afectada por una guerra nuclear puede ser difícil y compleja. Es esencial tener un plan y seguir las orientaciones de las autoridades para garantizar la seguridad y el bienestar de las personas y las comunidades. Tomando las precauciones necesarias y manteniéndose informados, los individuos pueden aumentar sus posibilidades de sobrevivir a un ataque nuclear y recuperarse de sus secuelas.

Precauciones durante el proceso de evacuación:

Durante el proceso de evacuación, es importante tomar ciertas precauciones para garantizar su seguridad y la de los demás. Estas son algunas precauciones que deben tomarse durante el proceso de evacuación:

1. Siga las directrices oficiales:

Siga las directrices oficiales durante una evacuación, incluidas las órdenes de evacuación o recomendaciones de las autoridades locales. Esto garantizará que está evacuando a un lugar seguro y siguiendo los procedimientos adecuados.

1. Prepare un kit de evacuación:

Antes de evacuar, prepare un kit de evacuación con elementos esenciales como agua, alimentos, ropa, documentos importantes y cualquier medicamento necesario. Así se asegurará de tener todo lo necesario en caso de emergencia.

1. Lleve el depósito lleno:

If you are evacuating by car, keeping a full tank of gas is imperative to ensure that you can travel a safe distance away from the affected area.

1. Manténgase alerta:

Esté atento a su entorno y a cualquier peligro potencial durante el proceso de evacuación. Permanezca atento a las noticias locales y a las emisoras de radio para estar al día y siga las instrucciones de las autoridades locales.

1. Mantenga la calma:

La evacuación puede ser estresante y abrumadora, pero es importante mantener la calma y la concentración. Hacerlo te ayudará a tomar decisiones racionales y a mantenerte a ti y a tu familia a salvo.

1. Ayude a los demás:

Si ve a alguien que necesita ayuda durante el proceso de evacuación, ofrézcase a ayudarle si es seguro hacerlo. Recuerde mantenerse alerta y seguir las indicaciones oficiales para garantizar su seguridad.

1. Siga las directrices de distanciamiento social:

Durante la pandemia actual, es importante seguir las directrices de distanciamiento social durante la evacuación. Utilice una mascarilla, mantenga una distancia segura de los demás y siga las directrices adicionales de las autoridades locales.

data:image/svg+x ml,%3csvg%20xml ns=%27http://ww w.w3.org/2000/svg %27%20version=% 271.1%27%20widt h=%2730%27%20 height=%2730%27 /%3e

Rida Nadeem

¿Cómo pueden los gobiernos locales y federales ayudar a que la evacuación y el reingreso sean un proceso fluido y seguro para la población?

Los gobiernos locales y federales desempeñan un papel crucial a la hora de garantizar una evacuación y reentrada seguras y eficaces durante y después de un ataque nuclear. He aquí algunas formas en las que pueden ayudar:

- Establecimiento de planes de emergencia:

El gobierno local debe contar con planes de emergencia que describan los procedimientos de evacuación y reingreso en caso de ataque nuclear. El plan debe incluir información sobre las rutas de evacuación, el transporte de emergencia y la ubicación de los refugios. El gobierno federal también debe trabajar con las autoridades locales para desarrollar e implementar planes de emergencia.

- Suministro de información:

Durante una evacuación, es esencial proporcionar información precisa y oportuna al público.. Los gobiernos local y federal deben trabajar juntos para informar al público de la situación, incluyendo la necesidad de evacuación y la disponibilidad de transporte de emergencia. El gobierno también debe proporcionar información sobre los riesgos de exposición a la radiación y las precauciones necesarias durante el proceso de reingreso.

- Garantizar el transporte: `

Durante una evacuación, el transporte es esencial. Los gobiernos locales y federales deben trabajar juntos para asegurar que haya suficiente transporte disponible para todos los que necesiten evacuar, incluidas las personas con discapacidades y los que no tienen acceso a un coche. El gobierno también puede proporcionar autobuses, trenes y otras formas de transporte público para ayudar a la gente a evacuar.

- Creación de refugios:

El gobierno local debe trabajar para habilitar refugios para quienes no puedan evacuar, como las personas con discapacidad o quienes no tengan acceso al transporte. Los gobiernos también deben abastecer los refugios con alimentos, agua, suministros médicos y otros artículos esenciales.

- Despejar las carreteras:

Durante una evacuación, es esencial despejar las carreteras para garantizar que los vehículos de emergencia puedan llegar rápidamente a su destino. Los gobiernos local y federal deben trabajar juntos para despejar las carreteras y garantizar que el tráfico fluya sin problemas.

- Proporcionar seguridad:

Los gobiernos local y federal deben proporcionar seguridad durante la evacuación para evitar saqueos y otras formas de delincuencia.... El gobierno también debe trabajar para garantizar que el personal de emergencia esté seguro durante el proceso de evacuación.

- Preparación para el reingreso:

Una vez pasado el peligro, los gobiernos local y federal deben trabajar juntos para preparar el reingreso.. Esto incluye limpiar la zona de escombros, comprobar si hay contaminación por radiación y restablecer servicios esenciales como la electricidad y el agua.

Es necesario un esfuerzo coordinado entre los gobiernos local y federal para garantizar un proceso de evacuación y reentrada seguro y eficaz durante y después de un ataque nuclear. El gobierno debe trabajar para proporcionar información precisa y oportuna al público, garantizar la disponibilidad de opciones de transporte y refugio, y proporcionar seguridad durante el proceso de evacuación. También deben prepararse para el proceso de reentrada limpiando la zona de escombros, comprobando que no haya contaminación radiactiva y restableciendo los servicios esenciales.

¿Qué elementos esenciales deben llevarse al evacuar una zona nuclear?

Al evacuar una zona nuclear, debe empacar artículos que le ayudarán a sobrevivir y mantenerse seguro durante el proceso de evacuación. A continuación, se indican algunos artículos esenciales que debería considerar llevar consigo:

- **Kit de emergencia:**

Debe tener un botiquín de emergencia que contenga suministros de primeros auxilios, linternas, pilas, una radio, un silbato y una herramienta multiusos. Estos artículos pueden ayudarle a hacer frente a cualquier emergencia que pueda surgir durante la evacuación.

- **Documentos personales:**

Debe llevar documentos de identificación personal como pasaportes, carnés de conducir, tarjetas de la seguridad social y certificados de nacimiento. Además, lleve copias de documentos importantes como pólizas de seguros, historiales médicos y extractos bancarios.

- **Medicamentos**:

Lleve suficiente cantidad de cualquier medicamento recetado que tome, así como medicamentos de venta libre como analgésicos y antiácidos.

- **Ropa**:

Empaque ropa adecuada para las condiciones climáticas de la zona de evacuación. También es aconsejable empacar zapatos cómodos para caminar.

- **Alimentos y agua:**

Empaque alimentos no perecederos y agua que duren al menos tres días. Por ejemplo, alimentos enlatados, barritas energéticas y agua embotellada.

- **Dinero en efectivo**:

Lleve dinero en efectivo y tarjetas de crédito/débito, ya que puede necesitarlos para emergencias.

- **Mantas y sacos de dormir**:

Lleve mantas y sacos de dormir, ya que puede necesitarlos si se aloja en un refugio temporal.

- **Artículos de higiene personal**:

Empaque artículos de higiene personal como jabón, cepillos de dientes y pasta dental.

- **Suministros para mascotas**:

Empaque suministros para mascotas como comida, agua y medicamentos si tiene mascotas.

- **Objetos familiares importantes**:

Empaque cualquier artículo importante para su familia, como artículos sentimentales o artículos con valor práctico, como reliquias familiares.

Es esencial tener un plan de evacuación y empacar lo esencial antes de que se dé una orden de evacuación.

Capítulo 8

Supervivencia psicológica

En este artículo, discutiremos lo siguiente:
- Los efectos psicológicos de un ataque nuclear
- Cómo hacer frente a las secuelas
- El trauma, el duelo y la gestión del estrés

"Los hombres mayores declaran la guerra. Pero es la juventud la que debe luchar y morir"—— Herbert Hoover

Guerra nuclear y supervivencia psicológica

Un ataque nuclear puede tener graves efectos psicológicos en individuos, familias y comunidades. Las secuelas de un ataque nuclear pueden causar traumas emocionales, dolor y estrés. Hacer frente a estas emociones es esencial para mantener la salud mental y el bienestar. Este capítulo analizará los efectos psicológicos de un ataque nuclear y proporcionará estrategias para afrontar el trauma, el dolor y el estrés (Thompson, 1985).

Efectos psicológicos de un ataque nuclear:

Un ataque nuclear puede causar efectos psicológicos significativos en individuos y comunidades. Estos efectos pueden variar de una persona a otra y dependen de factores como la proximidad al ataque, la gravedad del mismo y los mecanismos personales de afrontamiento. Algunos efectos psicológicos comunes de un ataque nuclear son:

- **Trauma:** La experiencia de un ataque nuclear puede causar un trauma emocional. Los síntomas del trauma pueden incluir recuerdos, pesadillas, ansiedad, depresión y entumecimiento emocional (Thompson, 1985).

- **Duelo:** La pérdida de seres queridos, hogares y comunidades puede causar dolor. Los síntomas del duelo pueden incluir tristeza, ira, culpa y dificultad para dormir o comer.

- **Estrés:** Las secuelas de un ataque nuclear pueden causar estrés. Los síntomas de estrés pueden incluir fatiga, irritabilidad y dificultad para concentrarse.

- **Efectos de la guerra en la salud mental:** La guerra puede afectar profundamente a la salud mental de adultos y niños. Los efectos psicológicos de la guerra pueden incluir trastorno de estrés postraumático (TEPT), ansiedad, depresión y abuso de sustancias. Los niños son particularmente vulnerables a los efectos de la guerra, y la exposición a la violencia puede provocar retrasos en el desarrollo, problemas de conducta y TEPT (Medicine et al., 2019).

- **Estrategias de afrontamiento:** Es esencial desarrollar estrategias de afrontamiento para lidiar con los efectos psicológicos de un ataque nuclear. Estas son algunas estrategias para ayudar a las personas y las comunidades a hacer frente:

- **Buscar apoyo:** Hable con amigos, familiares o un profesional de la salud mental. Los grupos de apoyo también pueden ser útiles.

- **Practique el autocuidado:** Participe en actividades que promuevan la relajación y el bienestar, como el ejercicio, la meditación y los pasatiempos.

- **Manténgase informado:** Manténgase informado sobre la situación y tome las precauciones necesarias.

- **Desarrolle una rutina:** Establecer una rutina puede proporcionar una sensación de estructura y estabilidad.

- **Concéntrese en el presente:** Centrarse en el momento presente puede ayudar a reducir la ansiedad y el estrés.

La guerra nuclear y el papel de las ONG y el gobierno:

Las ONG y el gobierno son cruciales para apoyar a las personas y las comunidades después de un ataque nuclear (Medicine et al., 2019). **Estas son algunas formas en las que pueden ayudar:**

- **Proporcionar servicios de salud mental**:

Las ONG y los organismos gubernamentales pueden prestar servicios de salud mental, como asesoramiento y terapia, a los afectados por el atentado.

- **Crear espacios seguros:**

La creación de espacios seguros para que las personas y las comunidades se reúnan y se apoyen mutuamente puede ayudar a promover la curación y la resiliencia.

- **Educar al público:**

Las ONG y los organismos gubernamentales pueden educar al público sobre los efectos psicológicos de un ataque nuclear y proporcionar estrategias para hacer frente a la situación.

- **Proporcionar ayuda financiera:**

La asistencia financiera a los afectados por el ataque puede ayudar a reducir el estrés y la ansiedad.

Para llevar:

Los efectos psicológicos de un ataque nuclear pueden ser devastadores, pero con el apoyo y las estrategias de afrontamiento adecuadas, las personas y las comunidades pueden recuperarse y reconstruirse. Es esencial buscar apoyo, practicar el autocuidado, mantenerse informado, desarrollar una rutina y centrarse en el momento presente. Las ONG y los organismos públicos desempeñan un papel crucial en la prestación de servicios de salud mental, la creación de espacios seguros, la educación del público y la prestación de ayuda financiera. Juntos, podemos trabajar para promover la curación y la resiliencia tras un ataque nuclear.

*data:image/svg+x
ml,%3csvg%20xml
ns=%27http://ww
w.w3.org/2000/svg
%27%20version=%
271.1%27%20widt
h=%2730%27%20
height=%2730%27
/%3e*

Rida Nadeem

Niños de la guerra:

Es una desafortunada realidad que los niños suelen ser los más vulnerables y los que más sufren en tiempos de guerra, incluidas las guerras nucleares. El impacto de la guerra en los niños es amplio y puede tener efectos duraderos en su bienestar físico, emocional y psicológico.

Según el Fondo de las Naciones Unidas para la Infancia (UNICEF), se calcula que 1 de cada 4 niños de todo el mundo vive en un país afectado por un conflicto o una catástrofe (Nearly a Quarter of the World's Children Live in Conflict or Disaster-stricken Countries, s.f.). En estas situaciones, los niños corren el riesgo de sufrir daños físicos, desplazamientos, separación de sus familias y traumas psicológicos.

En caso de guerra nuclear, los efectos pueden ser aún más graves. Los niños pueden sufrir enfermedades por radiación, lesiones físicas y problemas de salud a largo plazo como resultado de la exposición a la radiación ionizante. El impacto psicológico también puede ser importante, ya que los niños pueden sufrir ansiedad, depresión, trastorno de estrés postraumático (TEPT) y otros problemas de salud mental

(Nearly a Quarter of the World's Children Live in Conflict or Disaster-stricken Countries, s.f.).

Los *estudios* han demostrado que los niños que sufren traumas relacionados con la guerra corren un mayor riesgo de padecer retrasos en el desarrollo, bajo rendimiento académico y problemas de conducta. También pueden tener problemas para relacionarse y dificultades para establecer vínculos saludables con sus cuidadores (Samara et al., 2020).

Además, los niños expuestos a la violencia y al trauma en la guerra pueden correr un mayor riesgo de convertirse ellos mismos en autores de actos violentos. Este ciclo de violencia puede perpetuar el conflicto y dificultar el logro de una paz duradera *(REPORT ON IMPACT OF ARMED CONFLICT ON CHILDREN EXPOSES MORAL VACUUM, SECRETARY-GENERAL'S EXPERT TELLS THIRD COMMITTEE | UN Press, 1996).*

Es esencial que se tomen medidas para proteger a los niños en tiempos de guerra, como proporcionarles un refugio seguro, acceso a la atención médica y apoyo psicológico. Las ONG, los gobiernos y las organizaciones internacionales desempeñan un papel vital a la hora de atender las necesidades de los niños afectados por la guerra.

Las estadísticas sobre los traumas sufridos por los niños en las guerras nucleares **dan que pensar**. Según el Fondo de las Naciones Unidas para la Infancia (UNICEF), los niños son las víctimas más vulnerables de las guerras nucleares, ya que son más susceptibles a la radiación y tienen un mayor riesgo de desarrollar problemas de salud relacionados con la radiación (Stanton & Laraque-Arena, 2021). **Las siguientes estadísticas permiten hacerse una idea del trauma psicológico que sufren los niños en las guerras nucleares:**

Los bombardeos de Hiroshima y Nagasaki:

Los bombardeos atómicos de Hiroshima y Nagasaki tuvieron un impacto devastador en los niños. En Hiroshima, aproximadamente el 40% del total de víctimas fueron niños menores de 18 años, mientras que en Nagasaki, alrededor del 35% del total de víctimas fueron niños (Council et al., 1991).

La catástrofe de Chernóbil:

Tras la catástrofe de Chernóbil en 1986, se calcula que 5 millones de personas, entre ellas 1,5 millones de niños, estuvieron expuestas a altos niveles de radiación. Según un estudio de la Organización Mundial de la Salud (OMS), muchos de estos niños sufrieron traumas psicológicos, como ansiedad, depresión y trastorno de estrés postraumático (TEPT) (Organización Mundial de la Salud: OMS, 2005).

Los conflictos en curso:

Los niños de las zonas en guerra están expuestos a la violencia, los desplazamientos y las pérdidas, lo que puede provocarles graves traumas psicológicos. Según un informe de Save the Children, se estima que 142 millones de niños viven en zonas de conflicto de alta intensidad, y muchos sufren problemas de salud mental, como ansiedad, depresión y TEPT(Save the Children International, 2019).

Tensiones nucleares:

La amenaza constante de una guerra nuclear también puede afectar significativamente a la salud mental de los niños. Un estudio de *Psychiatric Clinics of North America* descubrió que los niños que viven en zonas con un alto riesgo de ataques nucleares tienen un mayor riesgo de desarrollar ansiedad y depresión (Beesdo et al., 2009).

Para llevar:

En conclusión, los niños se encuentran entre las víctimas más vulnerables de las guerras nucleares y se enfrentan a un alto riesgo de desarrollar traumas psicológicos. Los gobiernos y las ONG deben dar prioridad a las necesidades de salud mental de los niños afectados por guerras nucleares y proporcionarles el apoyo y los recursos necesarios para hacer frente a las secuelas.

El impacto de la guerra en los niños es devastador, y sus efectos pueden ser duraderos. La comunidad internacional debe tomar medidas para proteger a los niños en tiempos de conflicto, lo que incluye proporcionarle acceso a atención médica, educación y apoyo psicológico. Sólo dando prioridad al bienestar de los niños podremos construir un mundo más pacífico y próspero.

Gestión del estrés para veteranos de guerra y civiles.

La gestión del estrés es esencial para hacer frente a las secuelas de la guerra, tanto para los veteranos como para los civiles. La experiencia de la guerra puede causar importantes traumas mentales y emocionales, que dan lugar al trastorno de estrés postraumático (TEPT), la depresión, la ansiedad y otras afecciones mentales. Las técnicas de gestión del estrés pueden ayudar a las personas a hacer frente a los efectos del trauma y mejorar su calidad de vida (Ritchie, 2015).

He aquí algunas técnicas de gestión del estrés que pueden ayudar a los veteranos de guerra y a los civiles a hacer frente a los efectos de la guerra:

- Buscar ayuda profesional:

Uno de los pasos más importantes para controlar el estrés es buscar ayuda profesional. Los profesionales de la salud mental pueden proporcionar asesoramiento y terapia para ayudar a las personas a hacer frente a los efectos del trauma.

- Practicar técnicas de relajación:

Las técnicas de relajación, como la respiración profunda, la meditación y el yoga, pueden ayudar a reducir el estrés y la ansiedad. Estas técnicas pueden ayudar a las personas a calmar la mente y el cuerpo, promoviendo una sensación de paz y relajación.

- Hacer ejercicio con regularidad:

El ejercicio regular es una excelente manera de controlar el estrés. El ejercicio libera endorfinas, que son estimulantes naturales del estado de ánimo. También puede mejorar la salud física, ayudando a las personas a sentirse mejor en general.

- Relacionarse con los demás:

El aislamiento puede empeorar el estrés y la depresión. Es esencial relacionarse con amigos y familiares para obtener apoyo emocional. Los grupos de apoyo para veteranos de guerra también pueden ser un recurso útil.

- Practicar el autocuidado:

Cuidar de uno mismo es esencial para controlar el estrés. Esto incluye dormir lo suficiente, seguir una dieta sana y evitar comportamientos nocivos, como el abuso de drogas y alcohol.

- Participar en actividades creativas:

Las actividades creativas, como pintar, dibujar o escribir, pueden ser una forma excelente de gestionar el estrés. Estas actividades dan salida a las emociones y ayudan a las personas a expresar sus sentimientos de forma saludable.

- **Practicar la atención plena:**

La atención plena implica estar presente en el momento y aceptar sin prejuicios los propios pensamientos y sentimientos. Las técnicas de atención plena pueden ayudar a las personas a controlar el estrés y reducir la ansiedad.

En general, la gestión del estrés es esencial para hacer frente a las secuelas de la guerra... Los veteranos de guerra y los civiles pueden aprender a gestionar los efectos del trauma y mejorar su calidad de vida buscando ayuda profesional, practicando técnicas de relajación, haciendo ejercicio con regularidad, relacionándose con los demás, cuidándose, participando en actividades creativas y practicando la atención plena.

Existen varias organizaciones internacionales dedicadas a ayudar a las personas a afrontar el estrés mental y el TEPT de guerra. Algunas de estas organizaciones son:

- Asociación Internacional para la Prevención del Suicidio (IASP) - La IASP es una organización sin ánimo de lucro que trabaja para prevenir el suicidio y promover la salud mental en todo el mundo. Proporcionan recursos y apoyo a las personas que luchan con problemas de salud mental, incluido el TEPT.

International Medical Corps (IMC) - IMC es una organización humanitaria mundial que presta servicios médicos y de salud mental de emergencia a personas afectadas por guerras y conflictos. Ofrecen asesoramiento centrado en el trauma y otros servicios de salud mental para ayudar a las personas a hacer frente a los efectos de la guerra.

• Organización Mundial de la Salud (OMS) - La OMS es un organismo especializado de las Naciones Unidas dedicado a mejorar la salud y el bienestar de las personas en todo el mundo. Proporcionan orientación y apoyo a los servicios de salud mental en los países afectados por guerras y conflictos.

• War Child - War Child es una organización no gubernamental internacional que trabaja para proteger a los niños que viven en zonas afectadas por guerras y conflictos. Proporcionan apoyo psicosocial y otros servicios de salud mental para ayudar a niños y familias a hacer frente a los efectos de la guerra.

• Comité Internacional de Rescate (IRC) - El IRC es una organización humanitaria mundial que proporciona ayuda de emergencia a las personas afectadas por guerras y conflictos. Ofrecen servicios de salud mental y apoyo psicosocial para ayudar a las personas a superar el trauma de la guerra.

Estas organizaciones y muchas otras trabajan para hacer frente a los problemas de salud mental que plantean la guerra y los conflictos y para proporcionar a las personas el apoyo y los recursos que necesitan para afrontar el TEPT y otros problemas de salud mental.

Conclusión

En este artículo analizaremos:

- Los puntos clave del libro
  - Aportar reflexiones finales sobre las técnicas de supervivencia a una guerra nuclear
  - Ofrecer sugerencias de lecturas y recursos adicionales

"Sólo los muertos han visto el fin de la guerra" —— *Plato*

La amenaza de una guerra nuclear es una realidad que no se puede ignorar. Por ello, es importante prepararse para un acontecimiento tan catastrófico mediante un conocimiento sólido de las técnicas de supervivencia a una guerra nuclear. En este libro se han explorado diversos aspectos de la supervivencia a una guerra nuclear, desde la preparación previa al ataque hasta la supervivencia posterior al mismo.

La guerra nuclear puede causar potencialmente una destrucción catastrófica y la pérdida de vidas humanas a una escala sin precedentes.

Los países nucleares deben tomar medidas extraordinarias para evitar la escalada de cualquier conflicto que pueda desembocar en el uso de armas nucleares.

Uno de los pasos más importantes que pueden dar los países nucleares para evitar una guerra nuclear es la diplomacia y la negociación. Entablando un diálogo abierto y honesto, los países pueden trabajar para resolver las disputas pacíficamente en lugar de recurrir a la acción militar o a la amenaza de las armas nucleares.

Los países nucleares también deberían tomar medidas para reducir sus arsenales nucleares y trabajar para alcanzar el objetivo del desarme nuclear. Cuantas menos armas nucleares haya en el mundo, menos probabilidades habrá de que se utilicen en un conflicto. Los países nucleares pueden colaborar para reducir sus arsenales nucleares mediante acuerdos de control de armamentos y negociaciones.

También es esencial que los países nucleares inviertan en medidas diplomáticas y militares que reduzcan el riesgo de una guerra nuclear accidental. Esto podría incluir el desarrollo de mejores sistemas de comunicación y alerta temprana, el establecimiento de una comunicación clara y un protocolo para la toma de decisiones en caso de crisis, y la inversión en tecnologías que puedan ayudar a prevenir lanzamientos nucleares accidentales.

En última instancia, la mejor manera de prevenir una guerra nuclear es trabajar por un mundo en el que las armas nucleares no se consideren necesarias o deseables. Esto requiere un esfuerzo global para abordar las causas subyacentes de los conflictos, como la pobreza, la desigualdad y la inestabilidad política, y para promover la paz, la cooperación y el respeto de los derechos humanos.

En conclusión, la amenaza de una guerra nuclear es uno de los retos más graves a los que se enfrenta hoy la humanidad. Debemos tomar las medidas necesarias para evitar que se produzca una guerra nuclear y prepararnos a nosotros mismos y a nuestras comunidades para la posibilidad de un ataque nuclear. Educándonos en técnicas de supervivencia a la guerra nuclear, manteniéndonos informados y trabajando juntos para promover la paz y el desarme, podemos contribuir a garantizar un futuro más seguro y pacífico para todos.

<u>**Hay varias medidas que los países nucleares pueden tomar para evitar la escalada de una guerra nuclear devastadora:**</u>

Diplomacia:

La diplomacia puede ayudar a resolver conflictos antes de que escalen a un nivel que amenace con el uso de armas nucleares. Los países deben estar dispuestos a dialogar, negociar de buena fe y buscar soluciones diplomáticas a sus diferencias.

Control de armamentos:

Las medidas de control de armamento pueden ayudar a reducir el riesgo de guerra nuclear limitando el número de armas nucleares en todo el mundo y aumentando la transparencia y la comunicación entre los estados con armamento nuclear. Esto puede incluir medidas como el desarme nuclear, la limitación de las pruebas y el despliegue de armas nucleares, y el refuerzo de los mecanismos de verificación y control.

Gestión de crisis:

Una gestión eficaz de las crisis puede ayudar a evitar malentendidos y errores de comunicación que podrían conducir al uso de armas nucleares. Esto puede implicar el establecimiento de canales de comunicación claros y protocolos para la gestión de crisis, así como el desarrollo de planes de contingencia para hacer frente a los peores escenarios.

Educación y concienciación pública:

Educar al público sobre los riesgos y consecuencias de una guerra nuclear puede contribuir a aumentar el apoyo al desarme nuclear y reducir la probabilidad de su uso. Esto puede incluir campañas de concienciación pública, programas educativos en escuelas y universidades, y la participación de organizaciones de la sociedad civil para promover el desarme nuclear y la no proliferación.

Cooperación internacional:
La cooperación y la colaboración internacionales pueden fomentar la confianza entre los países y reducir el riesgo de guerra nuclear. Esto puede implicar la realización de esfuerzos conjuntos para abordar retos comunes, como el cambio climático, la pobreza y el terrorismo, así como la creación de asociaciones para promover el desarme nuclear y la no proliferación.

En resumen, la prevención de una guerra nuclear devastadora requiere un enfoque global que incluya la diplomacia, el control de armamentos, la gestión de crisis, la educación y la concienciación pública, y la cooperación internacional. Los países nucleares deben tomar medidas extraordinarias para reducir el riesgo de uso nuclear y trabajar juntos para crear un mundo más seguro y pacífico.

- En el **Capítulo 1**, analizamos la historia de las armas nucleares y el estado actual de las armas nucleares en el mundo. Hicimos hincapié en que la guerra nuclear no es un acontecimiento hipotético y que todo el mundo debe ser consciente de los riesgos y las posibles consecuencias.

- El **capítulo 2** se centró en los pasos que hay que dar antes de un ataque para prepararse ante la posibilidad de una guerra nuclear. Esto incluye tener un kit de supervivencia, un plan de refugio y evacuación, y el conocimiento de los métodos de comunicación de emergencia.

- El **capítulo 3** exploró los diferentes tipos de radiación y sus efectos en el cuerpo humano. Hablamos de la importancia de controlar los niveles de radiación y de tomar precauciones para limitar la exposición.

- Los **capítulos 4 y 5** profundizaron en la construcción y el mantenimiento de un refugio nuclear. Proporcionó información sobre la ventilación, la gestión del agua y los residuos, la vigilancia de la radiación y las directrices de reparación de los refugios. El capítulo 5 trataba de los suministros necesarios para los refugios.

- El **capítulo 6** trató sobre el mantenimiento de los refugios y cómo los individuos pueden mantener sus refugios en caso de una lluvia radiactiva para que pueda funcionar a largo plazo.

- El **capítulo 7** trató sobre la comunicación de emergencia durante un ataque nuclear, haciendo hincapié en la importancia de mantenerse informado y tener un plan de comunicación con la familia y los equipos de respuesta a emergencias.

- El **capítulo 8** cubrió la evacuación y el reingreso, incluyendo los factores a considerar cuando se decide evacuar y el proceso de reingreso a un área después de que los peligros de la guerra nuclear hayan disminuido.

- El **capítulo 9** exploró los efectos psicológicos de un ataque nuclear y cómo afrontar el trauma, el duelo y la gestión del estrés. Aquí se analizaron los efectos específicos de la guerra nuclear en los niños y cómo son especialmente vulnerables al trauma de un acontecimiento de este tipo.

- El **capítulo 10** ofrece una nota final sobre el libro y otros recursos de lectura.

En general, lo más importante que se puede extraer de este libro es la importancia de la preparación y la concienciación. Tener un plan y estar informado sobre los riesgos y las posibles consecuencias de una guerra nuclear es crucial. En conclusión, es importante recordar que la guerra nuclear es un problema mundial que requiere cooperación y acción internacionales. Debemos seguir trabajando por el desarme y la prevención, y al mismo tiempo estar preparados ante la posibilidad de un ataque nuclear. Las técnicas de supervivencia descritas en este libro pueden sentar las bases de dicha preparación.

Lecturas complementarias y recursos:

Los interesados en profundizar en la materia disponen de una gran variedad de recursos. A continuación se ofrece una lista de libros y sitios web recomendados:

Sitios web:

- La Campaña Internacional para la Abolición de las Armas Nucleares (ICAN): https://www.icanw.org/
- La Asociación para el Control de Armas: https://www.armscontrol.org/
- La Federación de Científicos Estadounidenses: https://fas.org/
- La Iniciativa contra la Amenaza Nuclear: https://www.nti

.org/

- Oficina de Asuntos de Desarme de las Naciones Unidas: https://www.un.org/disarmament/

Estando informados y preparados, podemos aumentar nuestras posibilidades de supervivencia en caso de ataque nuclear. Es nuestra responsabilidad actuar y trabajar por un mundo sin la amenaza de la guerra nuclear.

"¿Qué diferencia hay para los muertos, los huérfanos y los desamparados, si la loca destrucción se lleva a cabo en nombre del totalitarismo o en el sagrado nombre de la libertad o la democracia?"—— *Mahatma Gandhi*

GRACIAS

Solo quería que supieras lo mucho que significas para mí.

Sin su ayuda y atención, no podría seguir haciendo publicaciones tan útiles como esta.

Una vez más, le agradezco que haya leído este libro. Disfruté mucho escribiéndolo, y espero que tú también lo hayas hecho.

Antes de que te vayas, necesito que me hagas un favor.

Considere publicar una reseña de este libro en la plataforma.

Las reseñas se utilizarán para ayudar a mi escritura.

Sus comentarios son extremadamente útiles para mí y me ayudarán a generar más. próximos libros en el género de la información.

Me encantaría saber de usted.

Leander Cross.

Referencias/Bibliogr

Anderson, M. (2017). *Nuclear War Survival Skills and Prepping*. Createspace Independent Publishing Platform.

Beesdo, K., Knappe, S., & Pine, D. S. (2009). Anxiety and Anxiety Disorders in Children and Adolescents: Developmental Issues and Implications for DSM-V. *Psychiatric Clinics of North America, 32*(3), 483–524. https://doi.org/10.1016/j.psc.2009.06.002

Beevor, A. (2012). *The Second World War*. Hachette UK.

Costs of War. (n.d.). The Costs of War. https://watson.brown.edu/costsofwar/

Couch, D. (2008). *U.S. Armed Forces Nuclear, Biological And Chemical Survival Manual*. Hachette UK.

Council, N. R., Studies, D. O. E. a. L., & Sciences, C. O. L. (1991). *The Children of Atomic Bomb Survivors: A Genetic Study*. National Academies Press.

Delrose, F. (2012). *The Bomb Shelter Builders Book*.

Ettington, M. K. (2020). *Building and Stocking a Nuclear Bunker For Under $10,000*.

Fas. (n.d.). *Status of World Nuclear Forces*. Federation of American Scientists. https://fas.org/issues/nuclear-weapons/status-world-nuclear-forces/

Goodwin, P. (1981). *Nuclear War, the Facts on Our Survival*.

Kearny, C. H. (2016). *Nuclear War Survival Skills: Lifesaving Nuclear Facts and Self-Help Instructions*. Skyhorse.

Medicine, N. a. O. S. E. A., Division, H. a. M., Policy, B. O. H. S., & Emergencies, F. O. M. a. P. H. P. F. D. A. (2019). *Exploring Medical and Public Health Preparedness for a Nuclear Incident: Proceedings of a Workshop*. National Academies Press.

Mental health needs of children and young people in conflict need to be prioritized, conference says. (n.d.). https://www.unicef.org/press-releases/mental-health-needs-children-and-young-people-conflict-need-be-prioritized

Nearly a quarter of the world's children live in conflict or disaster-stricken countries. (n.d.). https://www.unicef.org/press-releases/nearly-quarter-worlds-children-live-conflict-or-disaster-stricken-countries

Popkess, B. (1982). *The Nuclear Survival Handbook: Living Through and After a Nuclear Attack*.

REPORT ON IMPACT OF ARMED CONFLICT ON CHILDREN EXPOSES MORAL VACUUM, SECRETARY-GENERAL'S EXPERT TELLS THIRD COMMITTEE | UN Press. (1996, November 8). https://press.un.org/en/1996/19961108.gash3382.html

Ritchie, E. C. (2015). *Posttraumatic Stress Disorder and Related Diseases in Combat Veterans*. Springer.

Samara, M., Hammuda, S., Vostanis, P., El-Khodary, B., & Al-Dewik, N. (2020). Children's prolonged exposure to the toxic stress of war trauma in the Middle East. *BMJ*, m3155. https://doi.org/10.1136/bmj.m3155

Save the Children International. (2019, September 10). *More than 24 million children affected by conflict need mental health sup-*

port. https://www.savethechildren.net/news/more-24-million-children-affected-conflict-need-mental-health-support-0

Small Arms Survey Podcast #33: The Global Burden of Armed Violence 2015: Every Body Counts. (2015, June 1). Small Arms Survey. https://smallarmssurvey.org/resource/small-arms-survey-podcast-33-global-burden-armed-violence-2015-every-body-counts

Stanton, B. M., & Laraque-Arena, D. (2021). *Ending the War against Children: The Rights of Children to Live Free of Violence, An Issue of Pediatric Clinics of North America, E-Book*. Elsevier Health Sciences.

The Future of War: A History: Freedman, Lawrence: 9781610393058: Amazon.com: Books. (n.d.). https://www.amazon.com/Future-War-History-Lawrence-Freedman/dp/1610393058

The Geneva Conventions and their Commentaries. (2021, May 20). International Committee of the Red Cross. https://www.icrc.org/en/war-and-law/treaties-customary-law/geneva-conventions

The status of nuclear forces (estimates, as of January 2021). (n.d.). Hiroshima for Global Peace. https://hiroshimaforpeace.com/en/nuclearweapon2021/#:~:text=As%20of%20January%202021%2C%20the,90%20percent%20of%20the%20total.

Thompson, J. (1985). *Psychological Aspects of Nuclear War*.

US Department of Veterans Affairs, Veterans Health Administration. (n.d.). *VA.gov | Veterans Affairs*. https://www.publichealth.va.gov/epidemiology/studies/heroes/index.asp

VA.gov | Veterans Affairs. (n.d.-a). https://www.ptsd.va.gov/understand/common/common_veterans.asp#:~:text=At%20some%20point%20in%20their,of%20100%2C%20or%206%25.

VA.gov | Veterans Affairs. (n.d.-b). https://www.ptsd.va.gov/understand/common/common_veterans

World Health Organization: WHO. (2005, September 5). *Chernobyl: the true scale of the accident.* https://www.who.int/news/item/05-09-2005-chernobyl-the-true-scale-of-the-accident

www.ingramcontent.com/pod-product-compliance
Ingram Content Group UK Ltd.
Pitfield, Milton Keynes, MK11 3LW, UK
UKHW030826040425
456976UK00006B/325